U0952626

基金资助

上海学校马克思主义理论研究项目

“中国共产党领导社会建设的基本理论和实践经验研究”

（ZX2020-YJ18）

严运楼◎著

RESEARCH ON CHINESE SOCIAL WELFARE（1949-2019）

中国社会福利事业研究

1949-2019

上海社会科学院出版社
SHANGHAI ACADEMY OF SOCIAL SCIENCES PRESS

前　言

中华人民共和国成立以来中国特色社会福利事业实践成果显著，相关研究著述也比较丰富。中国共产党的领导是中国特色社会主义最本质的特征，这同样体现在社会福利事业建设领域。本书着重从中国共产党领导的视角，以马克思主义政党领导理论和社会福利思想为指导，借鉴社会学等多学科研究方法，研究中华人民共和国社会福利事业成就与经验。

一、党领导社会福利事业的理论基础研究

本部分是理论分析。

中国共产党是在马克思主义理论指导下成立和发展壮大的，自建党以来，党坚持以马克思主义作为立党之本，按照马克思主义的建党学说，坚持党领导一切的基本原则。同时，马列主义关于政党领导权理论也为中国共产党领导下的社会福利事业提供了重要的思想渊源和理论自觉。

二、构建“党与社会互动”的分析框架研究

本部分是框架分析。

党的领导是全局性的核心领导，福利事业实质上属于社会建设的重要内容，党领导社会福利事业的经验研究，必须总结党领导的变迁规律和发展逻辑，这就需要跳出一般史料的罗列和整理，构建“党与社会互动”的分析框架。

在分析框架的指导下,深入提炼党领导社会福利事业的进程中组织整合与政治整合,领导社会、整合社会和依托社会、服务社会的基本经验,分析社会经济环境和时代发展趋势,提出党的领导"总揽全局、协调各方"有效应对时代发展挑战的思考。这些思考建立在以下政治逻辑的基础上:历史与实践证明,党的领导建立在"党与社会"关系这一现实基础之上,并且受到两者关系的制约;党的领导正因具有立于不败之地的政治基础与社会基础,才得以不断提高党的领导水平。

三、中华人民共和国成立以来党领导福利事业的演进研究

本部分是历史分析。

运用共时态与历时态分析方法,共时态分析党的领导如何顺应当时的福利诉求;历时态梳理党领导福利事业的变迁脉络。在内容架构上分为党领导中国人民从站起来到富起来、强起来的不同历史时期,站起来时期,传统福利模式形成党领导、政府主办、单位包办的民政福利,从中华人民共和国成立初期的生活安置福利到各种城乡福利设施;富起来时期,传统福利制度向现代福利制度的变革,尽管步伐总体滞后于经济改革,但逐渐向社会化福利发展;强起来时期,社会福利事业不断满足人民日益增长的美好生活需要,不断促进社会公平正义,使人民获得感、幸福感、安全感更加充实、更有保障、更可持续。

四、中华人民共和国成立以来党领导社会福利事业的实证研究

本部分是个案实证分析。

根据中华人民共和国成立以来党领导社会福利事业的演进及其成效,不难发现,党领导中国人民从站起来到富起来、强起来的不同历史时期,社会福利事业既有连贯性又有阶段性特点,党的社会福利事业为人民谋福利的宗旨始终如一,但是又根据时代要求不断创新演进,突出表现在:(一)社会福利

事业包括福利供养机构的社会化转型；（二）社会福利服务机构供养向社区延伸；（三）党重视福利制度建设的同时，更加重视基层党建引领社区福利服务，这些都体现出党为满足人民群众多层次多样化福利需求的努力。为了在宏观论述的基础上进行微观分析，有必要选取具有典型性的个案开展实证研究。

五、中华人民共和国成立以来党对社会福利事业的领导经验研究

本部分是研究的核心之一。

从党的领导角度分析，历史经验启示我们，必须发挥党在社会福利事业中的核心领导作用，发挥党整合资源和服务社会的功能；必须始终为人民服务，创新党领导社会福利事业的理念；必须善于调整党的领导，改进党领导社会福利事业的方式；必须重视社区服务，通过基层党建引领社会福利事业发展；必须重视动员社会，激励多方力量广泛参与社会福利事业。

六、中华人民共和国成立以来党的社会福利事业建设经验研究

本部分也是研究的核心之一。

从社会福利事业建设的视角分析，总结中华人民共和国成立以来党的社会福利事业建设经验，就是必须加强社会福利事业制度建设完善老年人、妇女、儿童福利事业；必须提升社会福利事业服务水平，加大财政支持和基础设施建设；必须推进社会福利事业转型，加强福利事业社会化建设；必须建设适度普惠的社会福利事业，促进福利事业从补缺型转向普惠型；必须构建社会福利事业共建共享格局，建设利益相关者伙伴关系。党的社会福利事业建设经验，对新时代中国特色社会主义福利事业具有重要借鉴价值。

本书获得上海学校马克思主义理论研究项目“中国共产党领导社会建设的基本理论和实践经验研究”（ZX2020 - YJ18）资助，同时也是本人主持的国

家社科基金一般项目“新中国成立以来党领导社会福利事业的历史经验研究”(项目编号：14BDJ028)和民政部政策理论研究重点课题“新时代民政功能和职责定位及发展战略研究”(项目编号：MCA20180886)等项目研究的阶段性总结。本书可供从事民政福利管理工作和研究学习的政府部门、专家学者和高校学生阅读。

目　录

绪　论

“党政军民学，东西南北中，党是领导一切的。”党领导一切的政治原则在党的十九大得到进一步强调。[①] 第十三届全国人大第一次会议将“中国共产党领导是中国特色社会主义最本质的特征”写进了国家根本大法[②]。历史是最好的教科书，中华人民共和国成立以来，党在社会建设领域领导社会福利事业积累了丰富的历史经验。党领导中国人民站起来、富起来到强起来的不同历史时期，党的领导既有传承又有创新，反映出党的领导活动对于党与社会关系及其变化规律的准确把握。从党与社会关系及其变化的角度，总结党领导社会福利事业的历史经验，有助于进一步发挥党总揽全局、协调各方的核心领导作用。

一、研究现状述评

（一）国内研究现状

中华人民共和国成立以来中国共产党领导社会福利事业的研究，积累了

---

① 习近平：《决胜全面建成小康社会　夺取新时代中国特色社会主义伟大胜利——在中国共产党第十九次全国代表大会上的报告》，人民出版社2017年版，第61页。

② 桑玉成：《着力推进党领导一切原则下的党政领导制度化规范化建设》，《探索与争鸣》2019年第2期。

比较丰富的史料,这些史料包括分门别类整理的档案资料和文献。中国社会科学院与中央档案馆曾编撰《中华人民共和国经济档案资料选编·劳动工资和职工福利卷以及农业卷(1949—1952)》和《中华人民共和国经济档案资料选编·劳动工资和职工福利卷以及农业卷(1953—1957)》等史料。社会福利事业史料还有文件、报刊和汇编而成的资料集等文献资料,中央文献研究室曾编撰《建国以来重要文献选编》和《三中全会以来重要文献选编》以及从党的十二大以来历次党的大会和历届全会文献选编,民政部政策研究室编撰《民政工作文件汇编》《中华人民共和国民政部大事记(1949—1986)》和《民政 30 年(1978—2008)》,各省市民政部门编撰《中国民政统计年鉴》等;部分高校和研究部门也整理编印资料,如中共中央党校党史教研室编印的《中共党史参考资料》、国防大学党史党建政工教研室编印的《中共党史教学参考资料》等;还有党和国家领导人的文献汇编、文稿、个人传记、年谱、文选、文集等,都为相关研究提供了丰富资料。

近年来,关于中国共产党领导社会福利事业经验的研究,成果有历史学、社会学和马克思主义理论等学科视角的研究。①

1. *历史学视角的研究*

历史学产生了一批相关学术著作和研究论文,既有专门研究著作和论文,也有党史、国史著述论及党的社会福利事业。

聚焦党领导社会福利事业的专门史或党史、国史类代表性专著包括:王子今、刘悦斌著《中国社会福利史》,孟昭华著《中国灾荒史》(现代部分)、《中国民政史稿》和《中国民政社会思想史》等,康沛竹著《中国共产党执政以来防灾救灾的思想与实践》,程连升著《中国反失业政策研究(1950—2000)》,孙绍骋著《中国救灾制度研究》,周秋光、曾桂林著《中国慈善简史》,李立志著《变迁与重建:1949—1956 年的中国社会》,师吉金著《构建与嬗变——中国共产党与当代中国社会之变迁(1949—1957)》,高冬梅著《新中国成立初期中国共产党社会救助思想与实践研究(1949—1956)》,李小尉著《新中国成立初期的社会救助研究》,徐国普著《新中国成立初期中国红十字会研究(1949—1956)》,高

① 吴若飞:《新中国成立以来中国共产党社会福利事业发展史研究》,《云南社会主义学院学报》2017 年第 1 期。

中华著《中国共产党社会救助历程研究(1921—1949)》等。

聚焦党领导福利事业建设的历史研究论文主要有：常宗虎《聆听历史的教诲——近50年来中国社会福利史的三点启示》，苏振芳《我国民政福利事业的历史演变及其构建》，朱汉国《新中国社会建设的瞩目成就》，郑秉文、于环、高庆波《中国60年社会保障制度回顾》，徐国普《新中国成立后中国红十字会发展的历史轨迹——以中国红十字会章程为路径的考察》，许虹《建国初期党和政府救济灾荒、失业问题简述》，高冬梅《新中国建立初期弱势群体及其社会救助研究》，陈辉《新中国成立60年来城市基层治理的结构与变迁》，林闽钢、梁誉《我国社会福利70年发展历程与总体趋势》，等等。

党史、国史类成果论及党的社会福利事业的研究包括：郭德宏主编《中国共产党的历程》第二卷，张静如主编《中国共产党通史》，胡绳主编《中国共产党的七十年》，庞松著《毛泽东时代的中国》，刘国新等著《新中国历史长编(1949—1956)第一卷》，"当代中国"丛书编辑委员会编《当代中国的民政》，刘宋斌著《中国共产党对大城市的接管》，陈红霞著《社会福利思想》，虞和平主编《中国现代化历程》等，都有涉及党领导社会福利事业的论述。

从研究内容分析，历史学关于党领导社会福利的研究集中在两个方面：

(1) 中国社会福利史、中国民政社会思想史及中国慈善史的研究。王子今、刘悦斌、常宗虎等从国家政策、社会组织和文化思想及源流等方面考察了社会福利史的发展状况及历史特点，探讨新中国社会福利事业从初创、发展到转型的历史过程及经验启示；孟昭华、谢志武、傅阳等阐述各历史阶段及主要代表人物社会福利思想的发展历程，分析社会福利思想与实践的经验与教训；周秋光、王卫平、莫文秀等研究中国古代、近代、现代慈善思想及慈善事业发展历史、现状与未来趋势。

(2) 中华人民共和国成立以来党和国家社会福利事业历史变迁研究。常宗虎对建国以来我国社会福利概念的演变、社会福利社会化的发展以及社会福利生产发展史进行历史考察；苏振芳界定民政福利事业的内涵及特征，考察民政福利事业创立、发展和改革转型的艰难历程，提出构建与和谐社会相适应的社会福利事业的基本要求；李小尉探讨中华人民共和国成立初期社会救助事业开创、探索、过渡、转型的发展轨迹，总结该时期社会救助的特点、成效、局限和教训;徐国普关于中华人民共和国成立初期中国红十字会的研究,通过具体组织的变迁,揭示社会福利组织的演变、社会动员、管理体制、运行机制和救助机制等。

2. 社会学视角的研究

社会学的研究伴随着国家社会保障和社会福利事业发展而不断丰富,代表性的学术著作包括:彭华民著《从沉寂到创新:中国社会福利构建》,郑功成著《中国社会福利改革与发展战略:从照顾弱者到普惠全民》,韩克庆著《转型期中国社会福利研究》等。近几年社会学关于社会福利的研究成果,较多运用社会调查和比较分析方法,聚焦社会福利事业转型和社区福利服务发展。

社会学研究内容主要集中在四个方面:

(1) 中国特色社会福利制度研究,毛振华、王齐彦等研究改革开放以来社会福利与社会建设的关系,探讨中国特色社会福利制度建设问题。

(2) 二是中国社会福利体系构建与发展战略研究,郑功成、彭华民、韩克庆等分析了中国社会福利与社会救助现状、挑战与任务,阐述了转型期中国社会福利制度改革的目标与思路、阶段与步骤,周沛从广义的社会福利概念出发,论证了中国社会福利体系构建的必要性及五个方面内容,景天魁、毕天云等提出了中国特色社会福利体系构建问题。

(3) 中国社会福利政策研究,刘继同研究了全球化社会福利处境和中国社会福利政策回应及改革创新、中国社会工作发展状况及社会福利政策的应对等问题,郭伟和探讨中国社会福利政策演变的文化价值基础和影响中国社会福利政策模式变化的若干因素,沈洁、周晓炎、张建华等对中国社会福利政策构建的理论和路径以及包容性增长视野下的中国发展型社会福利政策进行了探讨。

(4) 社区福利服务建设研究,成海青、阎青春、阎慧娜等研究中国老年人社区福利需求,童星、廖文君、周沛等研究了中国残疾人社区福利供给,刘继同探讨了中国社会结构转型、家庭结构功能变迁,社会转型时期儿童福利政策的理论框架和政策框架,以及社区儿童福利服务建设等。

3. 马克思主义理论视角的研究

马克思主义理论研究主要集中在马克思主义福利思想研究和中国共产党

社会建设理论与实践、中国共产党社会政策、中国共产党社会福利保障思想研究等方面。前者如丁建定的《从马克思到列宁——无产阶级社会福利思想的发展》等论文，后者出版的学术专著主要有：苑芳江著《中国共产党社会建设理论与实践研究》、胡映兰著《改革开放以来中国共产党社会建设的理论与实践》等，还在中国共产党民生思想、中国特色社会主义社会建设道路和制度方面也出版了理论著作，公开发表的研究文章更加丰富。主要内容集中在三个方面：

（1）中国共产党及其领导人的社会福利保障思想，成海军等人研究了计划经济时期和改革开放以来中国共产党社会福利思想；宋沅沅、梅哲、李青和陈彦艳、裴爱红和戚露露等分别研究了党的历代领导人社会保障思想。

（2）中华人民共和国成立以来中国共产党的社会政策研究，张敏杰分析和归纳了中国共产党社会政策的特点；董永在研究了中华人民共和国成立以来中国共产党的民生实践及基本经验；陈位志考察分析了中华人民共和国成立初期党的社会事业政策与实践，总结了改革开放以来中国共产党社会政策发展过程及规律。

（3）中国共产党的社会建设理论与实践研究，苑芳江、胡映兰等系统和完整地梳理了改革开放以来中国共产党社会建设的理论，认真分析和总结概括了党的社会建设理论提出的理论渊源、实践基础及历史进程，从宏观层面和微观层面对社会建设进行理论分析和探索。

当前，关于党领导社会福利事业的历史经验，国内学者形成了以下主要观点：

（1）中华人民共和国成立以来党领导社会福利事业取得重大成就，同时也存在不容回避的问题，郑秉文提出加强福利制度改革要结合国情和文化传统。

（2）党的领导活动立足于党、国家与社会三者关系，林尚立对党、国家与社会三者关系转型进行了政治学分析，对建构党领导社会福利事业的研究框架具有深刻启示。

（3）改革开放前后党领导社会福利事业的方式不同，郑功成认为计划经济时期党主要运用政治动员的方式；改革开放以后党主要采取制度建设方式。

(4) 改革开放前后党领导社会福利事业的目标存在差异,刘继同认为计划经济时期福利事业目标服务于巩固政权;改革开放前阶段服务于发展经济;党的十七大以后真正回归于人的发展;党的十八大以来注重民生共享。

(5) 改革开放前后福利事业模式有别,彭华明认为计划经济时期的补缺型福利模式必需过渡到普惠型福利模式。①

国内专家从不同视角和不同学科丰富了党领导社会福利事业的经验研究,相关成果提出了富有价值的思想观点,为今后研究打下了良好基础。同时也应该认识到,现有的研究工作仍然存在一些不足,历史学、社会学和马克思主义研究多是单一学科的某一方面问题的研究,且偏重于社会福利事业发展具体政策研究,缺乏从历史角度对不同历史阶段党领导社会福利事业发展的方针政策,及其产生发展规律的分析,对历史经验与历史教训、历史必然性与历史局限性研究不够,研究内容不够系统全面。这些不足表明中国共产党领导社会福利事业的历史经验研究,还处于起步阶段,很有必要进行专业与系统研究。具体来说,一是从中共党史学科视角的专业研究不够。目前在中共党史研究中涉及这方面的内容较少,仍然是较为薄弱的环节;二是研究学科视角单一,宏观视野和微观剖析结合的综合研究,研究的整体性不够;三是从研究广度来看,党史关于社会福利事业的研究成果还不够丰富,距离著名党史学家张静如提出的党史要克服视野狭窄的困境,拓宽研究领域,丰富研究内容,扩大研究材料,细化研究步骤,建立诠释体系等,尚存一定距离②;四是从研究深度上来看,较多停留在文件解读和既有结论的搬用,有待于创新分析框架,阐述党领导活动及其调整的内在机理。

(二) 国外研究现状述评

国外学者对中国共产党领导社会福利事业的经验研究主要集中于以下四个方面:一是对于中共党史的研究强调多学科研究方法的适当整合与灵活运

---

① 胡映兰:《改革开放以来中国共产党社会建设的理论与实践》,人民出版社 2014 年版,第 2—15 页。

② 张静如:《以社会史为基础深化党史研究》,《历史研究》1991 年第 1 期。

用。二是中国社会福利事业变革方向研究。三是出于对西方前途的考虑，中国共产党领导经验的启迪研究。四是意识形态角度的批判研究，质疑中国共产党回避民主建设。

当前，国外关于中国共产党领导社会福利事业的经验研究，形成了以下主要观点：

（1）批评国内党史研究缺乏多学科视野，范力沛（Lyman P. Van Slyke）指出不吸取社会史研究的成果，则难以对党史做出完整、深刻的解释。

（2）对改革开放前中国共产党领导社会福利事业既肯定成就又指出问题，莫里斯·迈斯纳（Maurice Meaner）认为毛泽东时代社会福利事业成就显著，但同时党对国家机器和社会的深度介入也带来了社会活力的退化。

（3）分析改革开放以后中国共产党面临重建社会福利体系的挑战，傅高义（Ezra Feivel Vogel）认为单位和公社体制解体后，需要建立一个新的全国福利体系。

（4）社会福利事业对中国共产党来说比经济发展更重要，裴宜理（Elizabeth J. Perry）认为更有利于赢得广泛的社会基础。

（5）批评中国运用民生主义巩固执政基础，全圣兴（Sung-heung Chun）认为中国把民生主义路线作为新的意识形态，回避民主化。①

国外党史学者对于中国共产党领导社会福利事业的研究，尽管存在以西方标准的问题，但是他们注重党史研究的多学科视野，值得我们认真借鉴。

综观国内外相关研究，有三方面尚需加强，一是既要研究党的领导下，社会福利事业建设取得的成就和经验，这在已有成果中体现得比较多；更要研究党在各个历史时期，如何始终坚持为人民谋福利的宗旨，又根据不同阶段需要调整党的社会福利事业领导方式，已有成果从党的领导视角总结经验的研究稍显不足，需要进一步加强相关研究；二是需要拓宽党史学科的研究视野，扬弃以革命、斗争、政治等为关键词的史学研究理念，以党的历史研究为核心整合其他学科，以其他学科的研究方法来建构党史学科，在史料整理研究的基础

① 吴若飞：《新中国成立以来中国共产党社会福利事业发展史研究》，《云南社会主义学院学报》2017年第1期。

上，重视逻辑性规律性的研究和提炼；三是尚需探索党领导社会福利事业经验研究的分析框架，以便阐释党领导社会福利事业的历程及其发展理念和历史经验等，这些都是本书研究的方向。

(三) 研究的价值和意义

中华人民共和国成立以来党领导社会福利事业的历史进程，是党领导一切的生动诠释，其中积累的丰富经验，又是完善党领导的宝贵财富。中华人民共和国成立以来，中国社会经历着快速发展，具有显著的转型特点。从历史发展看来，每当社会大转型大整合的阶段，往往就是弱势群体问题凸显时期，事关人民群众切身利益的社会福利事业，对弱势群体和特殊人群能否起到保障作用，成为党领导社会转型和变迁成败的一个重要环节。

积极领导和推进社会福利事业，是党作为领导核心的题中应有之义，是中国共产党根本宗旨的具体体现，生动诠释了中国共产党全心全意为人民服务的核心价值观和立党为公、执政为民的价值理念，也是社会主义制度优越性的集中表现，彰显了社会主义本质特征。

中华人民共和国成立以来中国共产党的社会福利理论与实践，是“四个自信”的重要组成部分，丰富中国特色社会主义理论体系和中国特色社会主义道路，成为全面建成小康社会，进而实现民族复兴的重要环节。党领导建设以特殊人群和困难群体为服务对象的社会福利事业，保障人民群众的基本生活权益，全力维护社会稳定、推动社会进步和促进社会公平正义，对于坚持中国共产党的核心领导，坚持社会主义制度，都具有极为重要的理论价值和实践意义。

在理论上建立“党与社会关系”的分析框架，借鉴社会学、政治学等多学科的研究成果，深入分析不同历史时期党领导社会福利事业的基本经验，揭示党组织整合与政治整合的逻辑，有助于从理论上丰富党史研究的内容和方法。

在实践上提出党的领导“总揽全局、协调各方”的战略思考，探索党的领导活动以党与社会关系为现实基础，并受这种关系制约的规律，提高党转变领导方式和完善执政理念，主动应对新时代挑战的能力。

二、核心概念和历史分期

已有研究成果表明，学界关于“社会福利事业”这一核心概念和中华人民共和国成立后的历史分期，都存在不同观点，甚至同一成果，也由于界定不清而出现前后混用的情况。如何界定核心概念，如何确定历史分期，是本书必须清晰阐明的重要问题。

（一）核心概念

“社会福利事业”是本书的核心概念，虽然“社会福利事业”看似与“民政福利”和“社会福利”等常见概念比较接近，但具体内容还是存在一定差别，简而言之，“社会福利事业”所涉内容小于“民政福利”与“社会福利”。

1. 社会福利

社会福利概念比较多元，理论界的阐述模糊而又复杂，甚至往往回避给出一个定义，从国家之间来看，由于社会福利历史背景、现实国情差异，出现理论和实践的差别；从具体政党和具体国家分析，社会福利产品、对象、功能与目标也常常不确定、不清晰，还处在不断变化之中，广义的、狭义的阐述都存在一定局限。因此，有必要对国内外代表性的观点进行比较、鉴别和吸收。

文献检索表明，欧美“社会福利”的概念最早出现在《大西洋宪章》之中，这是1941年罗斯福与丘吉尔“二战”结束时签署的关于尊重国家主权和人民权利的宣言。美国学者威廉姆·威泰克（Willianm H. Whitaker）认为，社会福利主要为帮助人们有效适应环境，不仅是基本生存需要的满足，还包括心理、精神以及社会交往需要的满足。此外，帮助人们认识并解决所遇到的困难，提供充分就业机会和组织多样化社会活动，同样属于社会福利的重要内容。[①] 美国等发达国家和地区通常对“社会福利”理解宽泛，社会福利覆盖对象不限于特殊人群，而是针对所有公民；社会福利的供给既包括物质帮助，还包括专业服务；社会福利不仅考虑人们基本物质生活要求，还考虑精神心理和社会交往

① 威廉姆·H. 科怀特：《当今世界的社会福利》，法律出版社2003年版，第29页。

以及自我价值等多层次需求。

国内学界关于"社会福利"理解比较混乱和随意，存在广义和狭义的分歧，突出表现在"社会福利"与"社会保障"关系争议。① 文献梳理不难发现，其分歧集中于多个方面：

(1) 内涵理解方面。狭义社会福利理解为"为弱者提供的福利性服务与保障"；②广义社会福利理解为"国家依法为公民提供旨在保证一定生活水平和尽可能提高生活质量的资金、物品、机会和服务的制度"。③

(2) 外延理解方面。狭义社会福利认为社会保障应当涵括社会福利，社会福利从属于社会保障，与社会救助、社会保险等一起作为社会保障体系的构成部分；④⑤广义社会福利认为社会保障、教育保障和健康保障等都是社会福利指涉的范畴。⑥⑦

(3) 关系理解方面。对于"社会福利"与"社会保障"两者关系，狭义社会福利往往认为两者存在包含与被包含关系，并不存在成熟程度的差异；⑧广义社会福利则认为社会福利的发展更加成熟，社会保障体现为一种基础的、物质的社会福利。⑨

(4) 功能理解方面。对于"社会福利"与"社会保障"的功能，狭义社会福利倾向于社会福利主要功能表现在缓和社会矛盾，保障社会生产的恢复和发展；⑩广义社会福利主张社会福利主要功能在于维护社会成员的民生权益。⑪

本书关于"社会福利"的界定采用我国 1992 年出版的《中国大百科全书·社会学》关于"社会福利"的狭义理解，即属于社会保障体系之下的子系统，主

---

① 万国威：《我国社会福利制度的理论反思与战略转型》，《中国行政管理》2016 年第 1 期。

② 陈良谨：《社会保障教程》，知识出版社 1990 年版，第 3—18 页。

③ 彭华民：《中国组合式普惠型社会福利制度的构建》，《学术月刊》2011 年第 10 期。

④ 郑功成：《中国社会保障改革与未来发展》，《中国人民大学学报》2010 年第 5 期。

⑤ 褚福灵：《中国社会保障体系的科学架构研究》，《社会保障研究》2010 年第 1 期。

⑥ 中国发展研究基金会：《中国发展报告 2008—2009：构建全民共享的发展型社会福利体系》，中国发展出版社 2009 年版，第 2—19 页。

⑦ 景天魁：《底线公平：和谐社会的基础》，北京师范大学出版社 2009 年版，第 1—21 页。

⑧ 赵曼、张广科：《中国农村社会保障体系研究的基本框架》，《中南财经政法大学研究生学报》2007 年第 4 期。

⑨ 刘继同：《社会福利与社会保障界定的"国际惯例"及其中国版涵义》，《学术界》2003 年第 2 期。

⑩ 黄安年：《富兰克林·罗斯福和 1935 年社会保障法》，《世界历史》1993 年第 5 期。

⑪ 申曙光、马颖颖：《我国老年医疗保障的制度创新：保险抑或福利?》，《社会科学战线》2014 年第 3 期。

要是指为老弱病残等弱势群体提供的物质援助和特殊服务。之所以如此界定“社会福利”,主要基于三个方面的判断:一是由于《中国大百科全书》的权威性,该书社会学部分界定狭义的“社会福利”是指当社会成员因年老、患病、身体或精神缺失而丧失劳动能力,基本生活难以为继时向其提供的物质和服务措施;广义的“社会福利”则是指为了改善和提高全体社会成员的物质生活和精神生活的各种社会服务措施。[①] 二是符合中国共产党政策文件关于社会福利的定位。2004 年党的十六届四中全会提出要“健全社会保险、社会救助、社会福利和慈善事业相衔接的社会保障体系”,社会福利与社会保险、社会救助和社会优抚等作为社会保障体系的组成部分,这一政策思路一直执行至今,即社会福利面向困难群体提供的社会支持,包括物质支持和服务支持。三是国内民政福利的政策,实践的基本是从狭义的角度对困难群体提供社会服务。

2. 民政福利

由民政部门负责的福利事务,通常称为民政福利。对于“民政福利”的界定,以苏振芳和郑功成的界定为代表。

苏振芳认为,民政福利主要是国家和社会依法提供的一定物质帮扶,让受助对象得到基本生活保证,是一种社会保障措施,针对那些因个人原因(生理、心理、意外事故等)、社会原因(自然灾害等)遭到生存困难,不能维持最低生活水平的社会成员。民政福利主要对象包括遭受天灾人祸或者劳动能力缺乏的社会成员,重点是贫困地区、贫困家庭和孤残病寡救助,还有灾害救助。[②] 郑功成主张,民政福利从属于社会福利的大概念体系,它包括社会福利事业、社会福利企业与社区服务和收容遣送等内容。[③]

综合以上分析,本书主张民政福利从属于社会福利。民政福利根据组织性质,包括社会福利事业与社会福利企业;而社会福利事业包括依托机构的社会服务事业与依托社区的社会福利事业。这样“社会福利”“民政福利”与“社会福利事业”三者之间构成互相从属的关系(参见图 0-1)。

---

① 《中国大百科全书·社会学》,中国大百科全书出版社 1992 年版,第 286 页。

② 苏振芳:《我国民政福利事业的历史演变及其构建》,《福建论坛·人文社会科学版》2007 年第 4 期。

③ 郑功成:《从企业保障到社会保障——中国社会保障制度的变迁与发展》,中国劳动社会保障出版社 2009 年版,第 346、351 页。

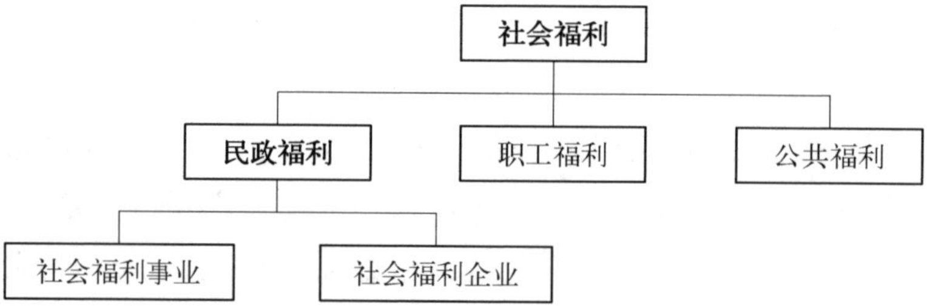

图 0-1 “社会福利”概念结构

3. 社会福利事业

跟上述“社会福利”主要指面向困难群体的社会支持相对应,适应新时代普惠型社会福利建设要求,本书主张,社会福利事业主要指社会福利机构和社区福利的建设与服务提供。社会福利机构包括各类福利院、精神病院等收养性机构,具体指集中收养社会孤老残幼的机构及其提供的服务,属于民政工作范畴,包括由民政部门管理的社会福利院、儿童福利院、精神病人福利院和城镇集体举办的福利院及农村集体举办的敬老院。参照郑功成的研究成果并结合社区福利服务发展趋势,[①]社会福利事业还包括社区福利的建设与服务提供(参见图 0-2 所示)。

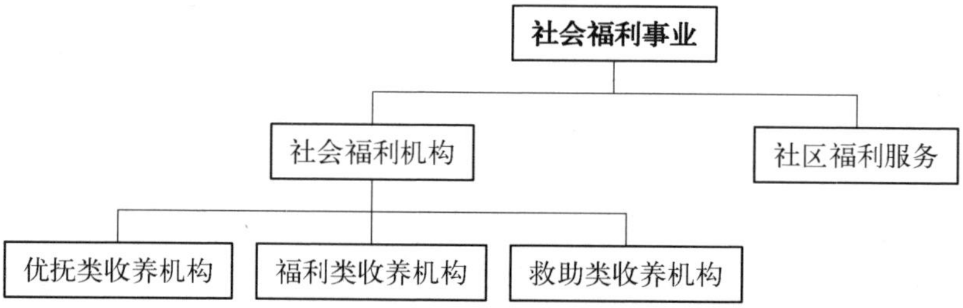

图 0-2 “社会福利事业”概念结构

(二) 历史分期

关于中华人民共和国成立以来社会福利研究的历史分期,有二分法、三分法、四分法等不同阶段划分。二分法以韩克庆为代表,根据社会福利社会化转型,将中华人民共和国成立以来的社会福利事业分为改革开放之前与改革开

① 郑功成:《中国社会保障制度变迁与评估》,中国人民大学出版社 2002 年版,第 334 页。

放之后①;三分法比较多见,有的根据革命、建设和改革划分历史阶段,还有按照改革开放前、科学发展观或和谐社会提出前、科学发展观或和谐社会提出之后分为 3 个阶段②;四分法以林闽钢、梁誉为代表,按照中华人民共和国前 7 年、计划经济时期、21 世纪之前和 21 世纪科学发展观提出进行划分。③

以上历史分期都有一定历史根据和学科合理性,如果从民生发展,从中国特色社会主义进入新时代的人民群众美好生活新诉求角度来看,从各个历史阶段的社会福利事业发展重点和发展条件来看,本书倾向于从党领导中华民族实现从站起来(1949—1977 年)、富起来(1978—2011 年)到强起来(2012 年以来)的 3 次民生历史性飞跃,来划分中华人民共和国成立以来党领导的社会福利事业。④

1. 站起来时期的社会福利事业(1949—1977 年)

党和政府在社会主义政权建立初期和社会主义建设摸索时期,社会福利事业注重巩固政权基础,国家财力有限,党的社会福利事业定位于对孤儿、孤老、孤残等困难群体进行救济的事业,具体由内务部执行。这一阶段党领导的社会福利建设主要服务于政治和经济双中心任务,国家高度集权是我国计划经济时期的典型特征,就社会福利领域而言,国家包办社会福利,党和政府是社会福利事业的领导者、提供者和整合者。

2. 富起来时期的社会福利事业(1978—2011 年)

随着改革开放的推进,党和政府的社会福利事业不再单独由政府举办,社会力量开始参与进来,而社会福利的主要实施对象仍然是特殊群体。随着富起来国家财力的增强和科学发展理念的指导,特别是为适应构建和谐社会的需要,2006 年第十五次全国民政工作会议上,首次明确地提出“大力推进社会福利社会化,逐步发展适度普惠型社会福利”的政策设想,为建立积极的福利事业迈出重要的一步。这一阶段我国社会主要矛盾是人民日益增长的物质文化需要和落后的社会生产之间的矛盾,社会福利服务于“经济建设为中心”,经

① 韩克庆:《新中国社会福利制度的发展与变迁》,《社会福利》(理论版)2019 年第 12 期。
② 姚进忠、陈蓉蓉:《中国残疾人社会福利 70 年:历史演进和逻辑理路》,《人文杂志》2019 年第 11 期。
③ 林闽钢、梁誉:《我国社会福利 70 年发展历程与总体趋势》,《行政管理改革》2019 年第 7 期。
④ 黄燕芬、张志开、杨宜勇:《新中国 70 年的民生发展研究》,《中国人口科学》2019 年第 6 期。

过市场化的摸索,推进社会福利社会化,党和政府是社会福利事业的领导者、协调者和保障者。

3. 强起来时期的社会福利事业(2012 年以来)

党的十八大以来,中国特色社会主义进入新时代,在习近平总书记为核心的党中央的领导下,在“两个一百年”奋斗目标的指引下,特别是在“五位一体”总体布局和“四个全面”战略布局的具体框架中,国家财力为社会福利事业提升给予更大保障。这一阶段我国社会主要矛盾发生转变,人民美好生活向往的“共享发展型”社会福利事业已经呼之欲出,社会福利事业从制度建设发展到制度与服务并重,覆盖人群更加普惠,新时代社会福利事业进入跃迁的新阶段。[①] 国家民政“十三五”规划就明确提出“支持社会福利和慈善事业发展,健全以扶老、助残、爱幼、济困为重点的社会福利”。党和政府是社会福利事业的领导者、主导者和服务者。

三、研究方法和创新之处

研究思路主要是基于这一基本判断,即“党的领导建立在党与社会互动关系的现实基础之上,并且受到这种关系的制约”,从而建立分析框架,回顾和总结不同历史时期党领导社会福利事业的历程和主要成就,总结党借助于组织力量和制度力量领导社会福利事业的历史经验,并吸取其中的教训,分析现实社会经济环境和发展趋势,提炼出党“总揽全局、协调各方”的宝贵领导经验,提高党加强核心领导和应对新时代挑战的能力。

(一) 研究方法

1. 史料分析方法

搜集、整理第一手史料以及第二手史料,主要是党的文件、法规、史志等,进行甄选分析,全面、准确地掌握和了解党领导社会福利事业的主要成就,并就党领导中国人民站起来、富起来到强起来的各个历史时期社会福利事业成

① 民政部社会福利和慈善事业促进司:《关于新形势下社会福利事业发展的认识与探讨》,《中国民政》2017 年第 10 期。

效进行了数据整理分析，通过党领导福利事业的演进梳理，总结基本历史经验。

2. 历史唯物主义研究方法

历史唯物主义既是一种科学的历史观，又是从事历史研究的方法论。本研究结合一定社会经济历史条件，采取历时态与共时态的视角，研究党领导中国人民站起来、富起来到强起来的各个历史时期，党如何根据国情条件与民生诉求，不断调整社会福利事业领导方式的历史经验。

3. 实证分析方法

针对社会福利事业社会化转型、普惠型社区福利服务、基层党建社区福利服务等，选取典型城区和社区进行了个案分析，并运用社会调查和数据分析，比较党领导社会福利事业转型的成效。

（二）重点难点

围绕研究思路和研究内容，本书将在以下两个重难点方面进行研究和突破：

1. 党的领导活动以党与社会关系为现实基础，并受这种关系制约的政治逻辑研究。

2. 中华人民共和国成立以来党领导社会福利事业的基本经验研究，主要总结党借助于组织力量和制度力量领导社会福利事业的历史经验，包括党调整领导方式的历史经验；党推进社会福利事业社会化改革的经验，党协调多元力量促进社会福利事业共建共享的经验等。

（三）基本观点和创新之处

1. 基本观点

在课题研究中，形成了以下基本观点：(1)总结党领导社会福利事业的历史经验，必须将一般性与特殊性相结合。既要看到党领导中国人民站起来、富起来到强起来各阶段的具体经验，更要看到党领导社会福利事业始终以人民福利为本的共性历史经验。(2)在党与社会的相互作用中，党提高社会福利事业的领导和执政能力的基本经验，就是必须领导和整合社会，又必须依托和服务社会,巩固领导基础。党的整合借助于组织和制度两方面的力量:① 党自身的先进性和代表性,这是党领导国家、立足社会、凝聚大众的组织力量。② 党领导加强国家制度与法律建设,加强将相对自主的国家与社会维系在党的领导下的制度力量。③ 中华人民共和国成立以来党领导社会福利事业的历程,深刻反映了党与社会之间的及其转型的内在关系。在这一政治逻辑中,领导和执政是紧密联系在一起,领导是前提,执政是关键,但领导不能代替执政,执政也不能代替领导。党领导中国人民站起来的历史时期,依托政、经、社一体的城市单位和农村公社,领导社会福利事业;党领导中国人民富起来的历史时期,通过改革开放促进社会关系的转型,深刻改变了党领导社会福利事业的现实基础;党领导中国人民强起来的历史,努力建设普惠共享的社会福利事业,促进社会福利事业跃迁发展。④ 不同时期党领导社会福利事业具有阶段性与连贯性的特点,党为人民群众谋福利的宗旨始终是一贯的,随着中国经济和社会发展形态从以计划经济为基础的封闭、高度组织的社会形态向社会主义市场经济为基础的开放的、自主的社会形态转变,党与社会的关系也就逐渐从一体化的格局向各自相对自主的格局转型,这种转型是新时代党的领导社会福利事业的现实基础。[①]

2. 创新之处

课题研究的创新之处,主要体现在视角创新和分析框架创新。

(1) 研究视角创新。从党领导中国人民站起来、富起来、强起来的历史变迁的视角,研究党领导方式变化的历史经验,正如党的领导人讲话所强调,虽然不同历史阶段进行社会主义建设的思想指导、方针政策、实际工作上有较大差别,但彼此绝不是彼此割裂的,更不是根本对立的,[②]共同统一于中国共产党的核心领导。

(2) 分析框架创新。构建“党与社会互动”的分析框架,党与社会的关系,既是党领导社会、整合社会,发挥党的核心领导作用;又是党依托社会、服务社

---

① 林尚立:《领导与执政:党、国家与社会关系转型的政治学分析》,《毛泽东邓小平理论研究》2001 年第 12 期。

② 吴桂韩:《中国特色社会主义道路是实现中华民族伟大复兴的必由之路》,《山西社会主义学院学报》2018 年第 9 期。

会，保证社会公正有序，社会力量团结和聚集在党的周围，巩固党领导的社会基础。这一历史逻辑和实践逻辑的理论阐释，为研究党领导社会福利事业的历史经验提供了分析框架。党领导中国人民站起来的阶段，社会福利事业主要依托单位制和高度组织化的社会体制；党领导中国人民站起来、富起来的阶段，市场经济体制改革之后，党领导社会福利事业的方式面临新的挑战，推进社会福利事业社会化转型；党领导中国人民强起来的阶段，必须更多发挥党的政治优势，在继续巩固组织整合的基础上，继续发挥党在社会福利事业建设中“统揽全局，协调各方”的领导核心作用。党加强社会基层组织建设，发挥基层战斗堡垒作用，积极服务群众社会福利需要，提供了深刻启示，也提示了新时代党领导共建共享社会福利事业的努力方向。

第一章　中华人民共和国成立以来党领导社会福利事业的理论基础

无产阶级社会福利思想是马克思主义的重要组成部分。马克思、恩格斯关注无产阶级贫困问题，对资本主义福利进行深刻批判，提出无产阶级"六项扣除"社会福利思想；列宁不但对资本主义社会福利的本质进行了深刻的揭示，而且提出了无产阶级国家保险的基本原则。马克思主义指明无产阶级社会福利实现途径，无产阶级只有在其政党领导下，通过武装革命推翻资本主义制度，才能实现无产阶级政治解放与社会福利的改善。无产阶级政党必须将社会福利的改善作为无产阶级革命斗争的重要内容，无产阶级的政府必须实现包括无产阶级国家保险在内的各种社会福利政策。马克思主义无产阶级社会福利思想及无产阶级政党领导社会福利斗争的思想，为中国共产党领导社会福利事业提供了重要的理论基础。

第一节　马克思、恩格斯社会福利理论

一、资本主义福利问题的本质

马克思批判资本主义福利异化，揭示资本主义社会福利的本质。表面上来看，资本主义制度体现着资产阶级和无产阶级之间平等交换的关系，但实质

则是广大无产阶级深受压迫，陷入福利贫困，而资产阶级利用资本主义制度榨取剩余价值。马克思、恩格斯深刻认识到资产阶级统治下的资本主义社会福利异化，这些都为揭露福利异化本质，指导无产阶级福利斗争和无产阶级福利建设提供了理论依据。

（一）资本原始积累牺牲无产阶级福利

马克思、恩格斯指出，资本主义生产的基础是资本的原始积累。马克思在《资本论》中揭露资本原始积累的过程，同时从劳动人民福利利益的角度指出，资本主义原始积累实质上就是侵占劳动成果，侵犯劳动者福利权益。

资本的原始积累是资本主义生产的必要条件，而通过暴力掠夺农业劳力者的生产资料，是资本进行原始积累的开始。马克思以美洲印第安人的悲剧为例，指出资本主义原始积累的过程和资本再生产的过程，就是赤裸裸剥削劳动人民剩余价值并进行福利压榨的过程。

（二）资本主义福利困境的产生

资本主义的生产目的，并非为了保障大多数劳动人民的福利发展需求，而是为了满足资本家榨取剩余价值的贪欲。实质上，就是少部分人为了满足其个人欲念，剥夺绝大多数人的福利利益。马克思进而指出，资本的形式再怎么变化，目的都是为了生产剩余价值或榨取剩余劳动。① 资产阶级通过追求剩余价值而使其自身得到满足，同时，对创造价值的无产阶级却用福利压榨和剥削对待他们。资本主义制度下的生产方式不仅加深了阶级分化，而且无益于人的全面发展。一端是资产阶级财富不断增加；另一端是无产阶级深陷资本主义的福利困境，资本主义福利异化的根源在于资本主义制度的弊端。

（三）资本主义劳动异化限制人的自由全面发展

马克思主义认为，资本主义社会中，生产过程中的劳动出现了异化，而劳动是反映人的本质的活动，是人特有的社会属性。在资本主义社会，劳动成为

---

① 《资本论》(第1卷)，人民出版社2004年版，第344页。

一种剥削手段,这会对人的全面而自由发展造成严重制约。马克思指出,工人越有劳动能力,反而受到剥削越深,沦为自然界的奴隶。① 作为劳动成果,劳动产品本应属于劳动者,但劳动付出者却无法得到公平合理的回报,仅能得到一少部分维持基本生活的报酬,绝大部分被资产阶级剥夺走了。劳动者创造劳动成果越多,工人阶级福利状况就越悲惨,即在资本主义社会出现劳动产品与劳动者异化。无产阶级的劳动成果被资产阶级残酷掠夺,同时,无产阶级处于被奴役的地位,无产阶级的贫困状况无法根本改善。劳动本应是人的自觉活动,但资本主义生产方式下的劳动成为一种奴役,引起工人对劳动的厌恶,他们发起劳动反抗,愤而破坏工具,甚至焚烧厂房。资产阶级为了追求剩余价值而采取"棍棒纪律"和"饥饿纪律"对工人进行管束,工人于是开始对劳动采取逃避态度。由此看出,资本主义社会还会使劳动者和劳动本身之间相异化,资本主义制度成为社会生产力发展的负面因素,阻碍了生产力的发展。

劳动者与劳动的异化,最终演变为人同人的异化。工人阶级和资产阶级之间的矛盾日益激化,无产阶级与资产阶级对立在资本主义制度下无法根本解决。资产阶级与无产阶级之间剥削与被剥削的事实无法消除,福利困境不仅是人同人之间异化关系的表现,也是其必然结果。

二、无产阶级福利"六项扣除"理论

关注无产阶级福利权益,是马克思无产阶级社会福利思想的核心,也是马克思指导无产阶级进行福利斗争和未来社会福利建设的思想武器。马克思重视无产阶级福利权益,1844 年马克思就指出:无产阶级为资产阶级创造社会财富,但是却为自身生产贫困。"劳动者越是生产更多的财富,他的生产在威力和范围上越是增长,则他反而越来越贫困。"②马克思 1864 年还指出:"不论是机器的改进,科学在生产上的应用,交通工具的改良,新的殖民地的开辟,向外移民,扩大市场,自由贸易,或者是所有这一切加在一起,都不能消除劳动群

① 《马克思恩格斯全集》(第 42 卷),人民出版社 1979 年版,第 92—93 页。
② 《马克思经济学—哲学手稿》,人民出版社 1956 年版,第 52 页。

众的贫困。”[①]对于资本主义社会的贫富分化，马克思批判认为：“在一极是财富的积累，同时在另一极，即在把自己的产品作为资本来生产的阶级方面，是贫困、劳动折磨、受奴役、无知、粗野和道德堕落的积累。”[②]

马克思分析无产阶级福利贫困化，指出其根本原因在于，资本主义制度的不合理性：“在社会的前进状态中劳动者的没落和贫困化是他的劳动和他生产的财富的产物。所以，贫困是从现在的劳动本身的本质里发生的。”[③]马克思继而批判资本主义工资制度，指出这是导致无产阶级福利受损的根源：“在论述剩余价值的那几篇里，我们总是假定工资至少和劳动力的价值相等。把工资强行压低到这一价值以下，在实际运动中起着极为重要的作用……在一定限度内，这实际上是把工人的必要消费基金转化为资本的积累基金。”[④]资本主义不断改进生产手段，加重对工人的剥削，也加剧无产阶级贫困：“在资本主义制度内部，一切提高社会劳动生产力的方法都是靠牺牲工人个人来实现的；一切发展生产的手段都转变为统治和剥削生产者的手段。”资本主义还通过资本积累损害无产阶级福利：“一切生产剩余价值的方法同时就是积累的方法，而积累的每一次扩大又反过来成为发展这些方法的手段。由此可见，不管工人的报酬高低如何，工人的状况必然随着资本的积累而恶化。”[⑤]马克思指出无产阶级福利受损表现在绝对贫困和相对贫困两个方面，他在《工资》一文中说：“在发展过程中，工资双重地下降：第一，相对地，对一般财富的发展来说。第二，绝对地，因为工人所换得商品量愈来愈减少。”[⑥]与此同时，马克思尖锐指出，无产阶级与资产阶级贫富分化明显扩大：“在劳动生产力提高时，劳动力的价格能够不断下降，而工人的生活资料量同时不断增加。但是相对地说，即同剩余价值比较起来，劳动力的价值还是不断下降，从而工人和资本家的生活状况之间的鸿沟越来越深。”[⑦]

如何对无产阶级进行福利补偿？马克思的无产阶级社会福利思想集中体

---

① 《马克思恩格斯全集》(第21卷)，人民出版社2003年版，第10页。
② 《马克思恩格斯全集》(第26卷)，人民出版社2015年版，第292页。
③ 《马克思经济学—哲学手稿》，人民出版社1956年版，第12页。
④ 《马克思恩格斯全集》(第44卷)，人民出版社2001年版，第692页。
⑤ 《马克思恩格斯全集》(第44卷)，人民出版社2001年版，第743页。
⑥ 《马克思恩格斯全集》(第6卷)，人民出版社1961年版，第646页。
⑦ 《马克思恩格斯全集》(第44卷)，人民出版社2001年版，第597页。

现在对于这个问题的回答。马克思关于福利基金扣除的论述,主要是为了批评德国工人党纲领关于社会福利的含混表达,进而阐述无产阶级社会福利的基本主张。他在1875年《哥达纲领批判》中批评哥达纲领过于笼统,马克思继而提出“六项扣除”理论:“劳动所得应当不折不扣和按照平等的权利属于社会一切成员”,这成为马克思无产阶级社会福利思想的核心内容。他还强调:“如果我们把‘劳动所得’这个用语首先理解为劳动的产品,那么集体的劳动所得就是社会总产品。现在从它里面应该扣除:第一,用来补偿消耗掉的生产资料的部分。第二,用来扩大生产的追加部分。第三,用来应付不幸事故、自然灾害等的后备基金或者保险基金。”同时,“在把这部分进行个人分配之前,还得从里面扣除:第一,同生产没有直接关系的一般管理费用。同现代社会比起来,这一部分一开始就会极为显著地缩减,并随着新社会的发展而日益减少。第二,用来满足共同需要的部分,如学校、保健设施等。同现代社会比起来,这一部分一开始就会显著地增加,并随着新社会的发展而日益增长。第三,为丧失劳动能力的人等等设立的基金,总之,就是现在属于所谓官办济贫事业的部分。”①这里所言“后备基金或者保险基金”可理解为商业保险,也可以理解为社会保险,其中当然包含着社会福利事业支出的考量。马克思指出,消费资料只能是扣除以上3个方面剩余的社会总产品。马克思还提出,扣除是必须的,但是也有一定的准则,社会福利基金等的扣除保持跟经济发展相协调。马克思还指出无产阶级福利共济的必要性,对于失去工作能力者或者尚不具备工作能力者,有工作能力的劳动者必须给予帮助,提供一定的生活福利劳动。

三、无产阶级福利实现的根本途径

在马克思主义看来,福利建设既是无产阶级改造自然的生产实践,又是无产阶级处理社会关系的革命实践,因而具有双重功能。对于解决资本主义社会的社会福利问题,从本质上具有决定性作用的是无产阶级社会革命。

---

① 《马克思恩格斯全集》(第25卷),人民出版社2001年版,第16—17页。

总体来看，社会革命是马克思主义福利思想的基本脉络。纵观马克思与恩格斯之前的福利观点，基本都是从主观愿望出发。根本原因就在于，之前福利观不懂得社会革命的本质，尤其不懂得人民群众开展历史活动的重要价值，由于其理论上缺乏现实基础，因而失去指导革命实践的能力。费尔巴哈唯物主义强调实践经验，反对理性批判，认为理性批判不是达到社会目标的有效路径，通过理性的批判无法自动建成“理性王国”，也无法开启广大群众“思想启蒙”的大门，进而唤醒人们潜在的天然“理性”。但是，马克思认为费尔巴哈唯物主义并没有真正理解社会革命的本质，不了解革命的和实践批判性活动的意义。① 而唯心主义虽然抽象发展了能动方面，但是却脱离了现实，黑格尔对能动性的理解还停留在抽象的思辨层面，因此不可能转为社会实践的力量。

马克思与恩格斯既强调社会革命的重要性，也重视理论的指导作用。他们认为，福利和社会革命之间联系密切，破解无产阶级和人民大众的福利困境，离不开社会革命。马克思与恩格斯都认为，社会革命是解决社会福利问题的根本途径。只有通过社会革命的方式，才能具有将理论可能性转化为实践现实性的前提。如果没有无产阶级和广大人民群众领导的社会革命，无产阶级的福利问题将无从谈起。无产阶级才是改变福利现状，推动社会福利发展的社会力量。只要无产阶级团结起来，推翻造成福利困局的资本主义制度，就能获得福利解放。马克思与恩格斯还强调福利理论的必要性，努力运用理论与实践结合的方式来寻找福利问题的解决之道。在《共产党宣言》中，马克思与恩格斯竭力呼吁全世界无产者大联合，无产阶级的福利目标理论进一步完善，进而上升为无产阶级社会革命行动。

从历史唯物主义辩证思维的角度来看，无产阶级社会革命离不开无产阶级政党的领导。无产阶级政党需要审视判断不同的历史阶段，从而理解和实践维护无产阶级福利利益的具体制度形式。同时，无产阶级政党不能片面认为维护福利权益仅仅是关乎生产关系的革命，解决无产阶级福利困境的关键，归根到底依赖生产力的变革和发展。马克思指出，一个民族如果停止劳动，几

---

① 《马克思恩格斯全集》(第 3 卷)，人民出版社 1960 年版，第 3 页。

个星期就会灭亡。物质生产非常重要,解放和发展生产力是无产阶级政党改善福利的物质前提。

第二节 列宁的无产阶级福利事业建设主张

一、无产阶级福利斗争

列宁无产阶级社会福利思想仍然聚焦于无产阶级福利贫困问题。列宁批判资本主义无产阶级贫困现象,提出无产阶级社会福利思想,他在《我们党的纲领草案》中提出俄国社会民主工党应将无产阶级的社会福利放在阶级斗争的重要位置。列宁分析认为,资本主义制度下无产阶级贫困化不断加重,"目前在俄国,这种趋势在农民和工人中间已经表现得非常明显。其次,考茨基指出,'贫困等等的程度不断增加'这句话不仅可以用来说明上述趋势,而且可以用来说明'社会贫困'的增长,即无产阶级生活状况同资产阶级生活水平,同随着劳动生产率的大大增长而不断提高的社会消费水平之间愈来愈不相适应"。① 基于对无产阶级福利的关切,列宁坚决主张把无产阶级贫困不断加深,这样的趋势性判断写进俄国社会民主工党的纲领里:"第一,这句话十分中肯地说明了资本主义基本的和重大的特性,说明了我们眼前发生的过程,也就是说明了产生俄国工人运动和社会主义的主要条件之一;第二,它概括了工人群众最难忍受和最为愤慨的许多现象(失业、微薄的工资、吃不饱、挨饿、资本的严酷纪律、卖淫、奴仆的增加等等,等等),为鼓动工作提供了大量材料;第三,由于这样确切地说明了资本主义的极有害的后果以及工人愤慨的必然性,我们就能够同动摇不定的分子划清界限,这些人虽然'同情'无产阶级,要求实行有利于无产阶级的'改良',但是力图在无产阶级和资产阶级之间,在专制政府和革命者之间采取'中庸之道'。"②

① 《列宁全集》(第4卷),人民出版社2017年版,第190页。

② 《列宁全集》(第4卷),人民出版社2017年版,第190—191页。

列宁深知无产阶级社会福利作为阶级斗争重要内容和手段的革命动员作用。1913 年，列宁在《中央委员会和党的工作者会议的通报和决议》中强调："必须进行最坚决的、齐心协力的斗争，反对政府和资本家强迫工人不经过工人大会糊里糊涂地选举自己的伤病互助会的初选代表的企图。……工人们应当举行革命的群众大会，抗议在实行保险法中所发生的暴力和侮辱行为。……争取合理地选举伤病互助会代表的斗争一分钟也不应当放松。……必须把关于实行保险制度的一切鼓动工作同说明沙皇俄国的一切实际状况的工作密切地结合起来，同时要说明我们的社会主义原则和革命要求。"①

二、无产阶级政权的社会福利建设原则

列宁对资本主义社会中无产阶级福利贫困进行批判和斗争，还遵照马克思主义"六项扣除"思想，具体阐述无产阶级政权社会福利建设的基本主张："雇佣工人以工资形式取得的那一部分自己创造的财富，非常之少，仅仅能够满足最迫切的生活需要，无产阶级根本不可能从工资中拿出一些钱储蓄，以备在伤残、疾病、年老、残废丧失劳动能力时，以及与资本主义生产方式紧密联系的失业时的需要。因此，在上述各种情况下，对工人实行保险，完全是资本主义发展的整个进程决定的改革。"列宁进而提出无产阶级社会福利建设的基本原则："最好的工人保险形式是国家保险；这种保险是根据下列原则建立的：(一) 工人在下列一切场合(伤残、疾病、年老、残废；女工还有怀孕和生育；养育者死后所遗寡妇和孤儿的抚恤)丧失劳动能力，或因失业失掉工资时国家保险都要给工人以保障；(二) 保险要包括一切雇佣劳动者及其家属；(三) 对一切被保险者都要按照补助全部工资的原则给予补助，同时一切保险费都由企业主和国家负担；(四) 各种保险都由统一的保险组织办理；这种组织应按区域和被保险者完全自理的原则建立。"②列宁将无产阶级福利作为无产阶级斗争的重要内容，从根本上指明无产阶级争取福利的途径，那就是推翻资本主义制度，建立无产阶级政权。就俄国无产阶级来说，必须彻底推翻沙皇制度，为

---

① 《列宁全集》(第 18 卷)，人民出版社 1984 年版，第 453—454 页。
② 《列宁全集》(第 17 卷)，人民出版社 1984 年版，第 448—450 页。

无产阶级福利进行革命斗争，才能为保障无产阶级福利利益创造条件。

列宁领导了无产阶级政权的社会福利建设实践。十月革命胜利之后，列宁指导苏维埃政府发表《关于社会保险的政府通告》："俄国无产阶级在自己的旗帜上写上了对雇佣工人以及城乡贫民实行完全的社会保险……依靠工农兵代表苏维埃的工农政府通告俄国工人阶级，以及城乡贫民，它将立即着手颁布建立在工人保险口号基础上的完全的社会保险法令。"①根据列宁的指导，1919年，俄共(布)党纲草案表明无产阶级福利建设主张，提出平等的劳动报酬和合理的收入分配等无产阶级福利要求："我们力求使任何劳动的报酬一律平等，力求实现完全的共产主义，但在目前只是采取最初步骤从资本主义向共产主义过渡的时候，我们决不能给自己提出立刻实现这种平等的任务。"②苏维埃新经济政策施行不久，列宁提出跟劳动贡献相结合的无产阶级福利分配思想，反对平均主义："按照平均分配的原则来分配粮食会产生平均主义，这往往不利于提高生产。"③

第三节　马克思主义的无产阶级政党福利使命理论

一、人民福利权益理论

马克思主义福利理论既是一件人类追求全面而自由发展的利器，又是关乎全人类解放的重要理论依据。马克思与恩格斯认为，一切社会主义社会福利事业的出发点和目标，都应服务于实现广大无产阶级和人民群众的基本福利权益，福利事业的建设和发展也应遵循这一基本原则。马克思曾指出，不同于旧唯物主义立足市民社会，新的唯物主义立足于人类社会。④ 可以看出，马

① 朱传一等：《苏联东欧社会保障制度》，华夏出版社1991年版，第7页。
② 《列宁选集》(第3版修订版第3卷)，人民出版社2017年版，第727页。
③ 《列宁全集》(第41卷)，人民出版社2017年版，第351页。
④ 《马克思恩格斯选集》(第1卷)，人民出版社2012年版，第61页。

克思主义的福利思想出发点是广大人民群众的基本权益。而在这之前的福利理论，出发点都只是维护少数人的权益。这就要求，无产阶级政党在建设时期，应注重社会福利事业的人民性，以满足广大无产阶级和人民群众的福利需要为落脚点，积极发展社会福利事业。

（一）马克思主义人民性的主要意蕴

1. 人民群众是社会历史的创造主体

马克思主义创立了唯物史观，坚持人民群众观。马克思主义肯定广大无产阶级和人民群众的历史主体地位，肯定社会直接的物质资料生产者是广大劳动人民，劳动群众是社会经济发展的重要主体力量。马克思和恩格斯认为无产阶级和广大的劳动者才是真正创造社会历史的人。而在这之前，劳动者被当时西方主流思想家贬损为“冷酷无情、顽固不化和盲目的无信仰”[①]的人。马克思与恩格斯并没有回避无产阶级和人民群众的局限性，在创造和参与社会历史进程中，广大人民群众发挥主体能动性的历史过程中，会受种种条件的限制，还可能会受到自身局限性的影响，这就要求无产阶级政党发挥领导作用。

2. 人民权益和人民需要

人民群众的权益观构成马克思主义人民群众观的重要内容，其基本要求是尊重广大人民群众的基本权益需要。马克思主义关于社会福利的核心内容就是尊重人民的基本权益。从理论来看，肯定广大无产阶级和人民群众是社会历史进程的创造者和参与者；从实践来看，必然逻辑就是，人民做主、主权在民和改善社会福利。

马克思与恩格斯始终坚信，国家权力和制度的选择是人民群众通过社会实践选择的结果，而人民群众和无产阶级的社会生产和社交活动始终影响着这一结果。马克思主义认为，社会生活的本质是社会实践，而社会实践的主体正是广大劳动人民和无产阶级，正是他们无时无刻不参与历史创造，推动着历史进步。社会历史进步的过程，也正是劳动人民和无产阶级从事社会生产和

① 《马克思恩格斯文集》（第1卷），人民出版社1956年版，第348页。

争取其应有福利权益,进而推动国家制度发展的过程。马克思肯定巴黎公社革命做法,主张革命胜利后用无产阶级政府机器去代替统治阶级的国家机器。① 他们认为,只有通过制度的形式保障国家权力属于人民,让人民成为国家真正的主人,才可以从根本上维护和保障人民的基本权益和民主权利。②

3. 工人阶级运动是为人民谋利益的运动

在创立唯物史观的过程中,马克思与恩格斯指出,人们所努力维护的,都跟自身利益相关。③ 回顾马克思和恩格斯所处的社会环境,两大对立阶级之间的矛盾越来越尖锐,工人陷入社会福利困局,因此无产阶级革命情绪不断积攒。马克思主义的诞生使广大无产阶级和人民群众清楚认识到自身利益,并积极通过革命运动实践维护自身福利利益。马克思指出,无产阶级的运动是关乎绝大多数人的运动,是一场绝大多数人维护和追求自身利益的运动,而在这之前的运动则是少数人为少数人谋取利益的运动。④ 离开无产阶级政党,无产阶级难以真正维护自身利益,无产阶级的斗争必须依靠自己的先锋队组织。⑤ 因为共产党人在领导无产者斗争中,代表整个无产阶级的共同利益。⑥

(二) 满足人民群众福利需要

切实了解人民群众的福利需求,致力提高人民群众的福利水平,是马克思主义福利思想的出发点和落脚点。一定意义上可以说,福利需要理论成为马克思主义劳动价值理论和剩余价值理论与异化理论发展的基础。

在担任《莱茵报》编辑期间,马克思提出福利需要理论等相关的命题。⑦ 马克思细致分析德国社会状况,指出物质需要驱动市民社会的阶级斗争。⑧ 在这里,马克思已经从福利需要的角度提到物质需要的概念,并思考人民群众的基本权益。马克思在《政治经济学批判大纲》中,发展了福利需要理论,提出福利需要

---

① 《马克思恩格斯文集》(第3卷),人民出版社1960年版,第207页。
② 李铁映:《论民主》,中国人民大学出版社2007年版。
③ 《马克思恩格斯全集》(第1卷),人民出版社1956年版,第187页。
④ 《马克思恩格斯全集》(第1卷),人民出版社1956年版,第255页。
⑤ 《马克思恩格斯文集》(第2卷),人民出版社1995年版,第42页。
⑥ 《马克思恩格斯文集》(第2卷),人民出版社1995年版,第44页。
⑦ 《马克思恩格斯全集》(第1卷),人民出版社1956年版,第82页。
⑧ 《马克思恩格斯全集》(第1卷),人民出版社1956年版,第466页。

层次理论，主要观点包括三点意思：其一，福利需要实质上体现人的本质；其二，福利需要的社会性；其三，福利需要和社会之间矛盾运动推动社会进步。

马克思与恩格斯关于需要的概念界定，指出了福利需要的社会本质，认为人民群众的福利需要具有主观能动性，反映着人们的物质生活与精神生活条件。换一个角度来看，物质生活条件和精神生活水平也是人民群众需要的客观基础，这是马克思主义福利观辩证思维的集中体现。他们认为，人的存在和发展，必须跟生存环境进行物质、能量和信息交换，对环境存在广泛依赖，包括社会物质生活条件和精神生活水平。现实生活中的人作为一个有意识的个体，具有丰富的个体差异性，这就导致每个人对现实客观世界的认识存在着偏差，即使外部因素基本一致，也会因个体差异性导致个体在福利需要各不相同。①

马克思和恩格斯指出福利需要具有层次性，马克思在《1857—1858 年经济学手稿》一文中这样自问自答："关于需要体系和劳动体系这些问题应当放在什么地方讨论？在研究的过程中就会知道。"②他还指出，在社会各部门不断发展壮大的过程中，需要的是一个日益完善的体系。③ 随着社会生产活动种类的不断丰富，人民群众的福利需要体系就会不断壮大。恩格斯强调福利体系应该具有多层次性，恩格斯分析认为，未来社会人人都必须参加劳动，人们共同支配生活资料、享受资料和发展资料。④ 在此基础上，马克思和恩格斯将人民群众的福利需要分为生存需要、享受需要和发展需要三类。

1. 生存需要是最基本的福利需要

生存需要表现为广大人民群众维持生命和个人发展最基本的要求，囊括基本的衣食住行等生活必需品等。马克思和恩格斯认为，生存需要是"必需品"，无论在哪个时期，对于无产阶级和广大人民群众来说，生存需要是必须优先得到满足的基本福利。马克思在《1857—1858 年手稿》中认为，必要的需要具有自然属性。⑤ 马克思还用辩证历史观看待人的生存需要，人的生存需要不是千篇一律的，随着人类社会发展而不断变化。动物的生存需要行为只是收

---

① 《马克思恩格斯全集》(第 42 卷)，人民出版社 1979 年版，第 168 页。
② 《马克思恩格斯全集》(第 46 卷下)，人民出版社 1980 年版，第 20 页。
③ 《马克思恩格斯全集》(第 46 卷上)，人民出版社 1979 年版，第 392 页。
④ 《马克思恩格斯全集》(第 22 卷)，人民出版社 1965 年版，第 243 页。
⑤ 《马克思恩格斯全集》(第 46 卷下)，人民出版社 1980 年版，第 20 页。

集,与此不同的是,人类生存需要行为是社会性生产与交换活动。① 由此可以看出,动物世界的生存规律和人类社会的规律是根本不同的,动物的行为只是为了生存,而人类所做的一系列努力,则不仅是为了获取生存资料,同时还包括生活享受以及实现个人发展的需要。

2. *享受需要是较高层次的福利需要*

广大劳动群众基本生活需要得到满足后,随之会产生更丰富的福利需求,他们这时往往更多关心如何提高生活质量。在马克思看来,需要层次的提高表明了一个比较高级的发展水平。由于社会生产力不断发展,驱动劳动者追求更加具有多样性和丰富性的需要,这其实也可以看作人的全面发展的基础阶段。也就是说,追求更高的福利享受是人民群众基本权益。正当的享受需要应该得到保护,它既是社会发展的结果,也是社会发展的助推力量。恩格斯在1875年写给友人的一封信中认为,人的斗争不仅为生存而且为享受。② 这类需要通常包括两个主要内容:一是与生存需要具有密切联系的享受需求,包括衣、食、住通常是基本福利需求,但是本身也会随着社会发展升级到更高层次。二是发展需求,发展需求比较典型的就是奢侈需求。相对于生存需要来说,奢侈需求是更高层次的需求,奢侈需求会不断发展变化。生存需要与奢侈需求之间具有辩证关系,彼此可以相互转化。

发展需要表现为人民群众追求价值实现和自身自由全面发展的内在需求,具有最高层次性,内在需求的实现,是人类自由全面发展的重要体现,未来社会人们关心的,更多地是实现自身价值与完善自身素质,使体力和智力得到充分发挥,不受个人条件和社会条件的局限。③ 满足发展需要的福利事业,标志着社会发展到更高级的水平。

(三) 人民群众福利需要的基本特征

福利需要具有社会性特征,人总是生活在一定的社会关系中。马克思与恩格斯认为,社会本质不是一种同自己相矛盾的抽象的一般力量,人的社会联

---

① 《马克思恩格斯全集》(第47卷),人民出版社1979年版,第52页。
② 《马克思恩格斯全集》(第4卷),人民出版社1995年版,第623页。
③ 《马克思恩格斯全集》(第3卷),人民出版社1995年版,第273页。

系在个人实现福利需要中被创造出来。每一个人的本质，是其自主的活动，自主的生活，自主的财富。① 从上述可见，各种社会联系的产生和延续的重要动力，是广大人民群众对福利需要的不断追求，而这种社会性的联系体现着人的本质。

劳动人民不是抽象的，他们进行着不同的社会生产活动，并且各自处于不同的社会关系中，并通过所处的社会关系，实现不同层次的福利需要。换句话说，劳动人民所从事的福利生产活动，不是个体性孤立的劳动，满足福利需要的社会工作也无法通过一个人完成。正是从这个角度考察，福利需要是社会生产发展的必然产物，是劳动人民从事社会劳动与社会交换过程中产生的需要。尽管人的本能也是产生需要的因素，但是人的需要更主要的是其社会属性。在阶级社会，福利具有明显的阶级性，广大劳动人民和无产阶级福利需要的满足与否，同样跟所处的社会关系有很大联系。资本主义社会代表和维护资产阶级的福利需要，这跟无产阶级和广大劳动群众的福利需要互相矛盾，不可避免形成对立局面。

既然人的需要某种程度上反映着对应的社会关系，因此，只有将人的需要上升为社会层面，定为社会需要的目标，在其需要得到满足的基础上，才会有足够的社会基础和社会支持。无产阶级政党在领导革命和建设的历史活动中，必须尊重无产阶级和劳动群众的福利需要，才能获得巩固的社会基础和有力的社会支持。

马克思与恩格斯还认为，人民群众的福利需要具有不断丰富的特征，主要原因在于，一方面，人的社会生产本身具有丰富多面性，因而人的需要形式也具有丰富性；另一方面，人的全面发展是不断丰富的过程，因而人的需要的内容形式也日益丰富。人与动物完全不同，动物的需要内容形式一般比较单一，而人的需要内容形式丰富得多，而且随着社会发展进步，人的需要越来越丰富。人的需要与社会实践互相作用，人的需要促进社会全面发展。资本主义社会忽略无产阶级与广大劳动人民的福利需要，劳动者只是被看成社会生产的工具，劳动人民福利权益得不到保障，陷入福利困境。实质上，社会生活的

---

① 《马克思恩格斯全集》(第42卷)，人民出版社1979年版，第24页。

丰富多彩决定福利需要具有丰富性,无产阶级和广大劳动人民的福利需要是一个丰富的复合体。

人民群众的福利需要具有历史性特征,福利需要不仅具有社会性和丰富性,也具有历史性。马克思主义认为,福利需要的满足方式跟社会生产方式和社会分工密切相关。福利需要的发展与社会发展阶段密切相关,具体来说可分为四个历史阶段:最初是原始社会时期比较低级与简单的福利需要;然后是自然经济处于主导地位的奴隶社会与封建社会,尽管生产水平有所提高,总体仍然比较低下,相应的福利满足的能力比较弱;再后来是商品化处于支配地位的历史阶段,商品生产大力发展,人们的福利需要和满足需要的手段日益丰富;最高阶段是产品经济阶段,社会生产力和生产关系向更高水平发展,人们的福利需要更加多样化,更具丰富性,极大地体现出人的全面与自由发展。

二、人类解放的福利思想

马克思认为,最高福利社会形态是共产主义社会,福利自由使人类解放与自由而全面发展得到充分实现,共产主义社会"以每个人的全面而自由的发展为基本原则的社会形式",①人类进入福利自由状况。从这个角度来看,马克思主义政党的福利事业建设,跟实现人类解放和人的自由而全面发展,都具有高度的一致性。

(一) 资本主义福利困局

马克思并不否定资产阶级在历史上的进步作用,积极评价资本主义对于社会生产关系以及生产力的发展所做的贡献,也肯定资本主义社会取得的一定的福利进步。在《共产党宣言》中,马克思列举资本主义对推动社会生产力变革作了正面评价,认为其具有历史进步性。资产阶级爆发出比旧时封建主义社会强得多的社会生产效率,资本主义社会所建立起的高效社会生产方式对于社会生产力的发展具有重大的历史意义,也为社会福利发展提供了生产

① 《马克思恩格斯全集》(第1卷),人民出版社2012年版,第119页。

力前提。资本主义关系的建立，打破旧的封建关系，而资本在发展的过程中将资本主义的生产方式传播到各地，使得城市规模不断发展，改善了封建统治割据市场的状况。马克思不否定资本主义的历史进步性，认为这一贡献超越了过去任何时期的封建时代，也为社会福利提升夯实了生产关系基础。同时，马克思深刻地指出，由于资产阶级赤裸裸的剥削，加重了阶级矛盾和劳动群众生活贫困，使得无产阶级陷入福利贫困。

在资本主义社会，资本家追逐剩余价值，表面上看，资本主义生产发展为人的自由而全面的发展提供了一定的条件；实质上，资本主义制度下不平等的占有关系，又使得无产阶级和劳动群众的能力被资本主义制度所束缚，人的真正自由和全面发展具有明显的虚伪性。相比于封建制度，看上去无产阶级和广大劳动人民拥有更多的自由。但这种自由并非真正的自由，特别是没有摆脱被剥削的自由。只要资本主义制度存在，劳动人民无论是在哪里出卖自己的劳动力，都会受到资本主义的压迫和剥削，劳动人民成为资本家追求剩余价值的工具。同时，由于资本家追求利益最大化，导致对雇佣者缺少最基本的人性关怀和应有的福利待遇，无法满足雇佣者的福利需要，这也严重打击了雇佣者的劳动积极性。而资本家则日益沉浸在追求利益最大化的快乐之中，不惜利用各种手段来实现资本收益最大化，最终成为金钱和物质的奴隶，逐渐丧失人的基本本性，慢慢地资本家和雇佣者之间的关系逐渐物质化，雇佣者永远处于受支配地位，成为资本家的“工具”，忍受剥削和约束，而资本家则处于主导地位，随意支配雇佣者的命运。资产阶级独立性和个性也仅仅存在于法律和市场意义上，因为资本家成了金钱的奴隶。① 因此，对于资本主义社会福利状况的评价，应该辩证地看待，既要看到资产主义对于推动社会生产力所做的贡献，也要看到资本主义制度下无产阶级的福利困境。

总体来看，资本主义制度下的无产阶级和广大劳动人民不同程度地受到资本主义的压迫和约束，人们处于非完全自由和非全面发展的状态。随着资本的不断积累和社会生产力的极大发展，此种状态并未有所改善，广大人民群众的福利状况并未根本改善，福利水平并未因社会极大的发展而显著提高。

---

① 余春：《人的发展论》，中国人民公安大学出版社 2007 年版，第 89 页。

因此不难看出,在资本主义制度下,社会福利发展本质是以牺牲人的自由而全面的发展为代价的。

(二) 人类解放和自由全面发展的福利旨趣

马克思和恩格斯十分关心无产阶级和广大劳动人民的命运,是否有利于人类解放和人的自由而全面发展目标的实现,成为马克思与恩格斯判定一个社会福利发展和福利问题得失的最终标准。

资本主义生产方式具有深刻的社会矛盾,资本家的极度富有和雇佣劳动者的福利贫困形成了鲜明的对比,这一深刻的社会矛盾在资本主义制度下是注定无法化解的。因此,无产阶级福利解放的唯一选择,就是进行毫不妥协的斗争,在无产阶级政党的领导下,通过无产阶级反抗来结束资本主义生产关系,颠覆资本主义政权。

在资本主义制度下,由于资本家为了获得更多的利益,会持续不断的进行资本积累,进而就会产生生产过剩的危机,同时也使资本家们之间的竞争更加激烈,这又进一步推动了资本的集中。资本越来越集中到少数规模超大的巨头的手中,这时更大规模的扩大再生产出现了,加深了生产社会化程度。随着生产规模扩大,资本主义必须通过开拓新的空间和市场来满足和匹配扩大后的生产规模。资本主义制度的国际化日益加深。资本主义生产的社会化和国际化是资本积累过程中无法阻挡的历史趋势。在实践中,生产资料集中到数量极少的资本寡头手中,这些资本家竭尽各种手段获取雇佣工人创造的剩余价值,在竞争压力之下努力扩大再生产,整个社会因为无序竞争而越来越处于一种无政府状态。资本主义生产发展形成相对过剩人口规律,无产阶级处于被动地位,越来越失去与资本讨价还价的能力。哪里有压迫哪里就有反抗,无产阶级被动受剥削的程度进一步加剧,福利贫困的程度更加深重,反抗也越坚决,资本主义私有制的丧钟最终要敲响了,剥夺者最终要被剥夺。① 只有消灭资本主义私有制,雇佣工人和劳动人民才能真正获得福利自由,离实现全人类的自由和全面发展更近一步。

---

① 《马克思恩格斯全集》(第23卷),人民出版社1972年版,第831—832页。

一方面，资本主义的剥削压迫为追求人的自由全面发展提供合法性依据。在资本主义私有制度下，资本家拥有所有的生产资料和生产对象，而劳动人民只有自身的劳动力，最基本的福利权利甚至是一种奢望，资本主义社会阶级剥削和压迫呈现常态化。资产阶级所宣扬的人最基本的权利，只是为了掩盖其剥削的本质。在资本主义社会，无产阶级和广大劳动人民只有通过出卖自身劳动力才能得到工作维持生存，同时他们的劳动力所创造的价值要大于他们所得，才可能得到雇佣机会。随着工业的进步，剥削越深重，贫困比人口和财富增长得更快。①

另一方面，无产阶级革命是改变福利状况，更加接近人类解放和自由全面发展的根本途径。无产阶级不应该有其他奢望，“首先夺取政权”，②建立无产阶级统治，最终消灭生产资料私有制，实现共产主义美好社会。无产阶级肩负解放全人类的历史使命。恩格斯多次指出，无产阶级争取斗争的努力，如果不将整个社会解放出来，就不能实现无产阶级真正的解放。③ 马克思也强调，无产阶级必须发动革命，建立无产阶级专政国家政权，推动社会制度的根本变革，并不断发展生产，不断提高生产能力，改善福利物质条件和精神条件，逐步过渡到共产主义社会，实现人的自由全面发展。

（三）共产主义社会为人的解放和福利全面发展提供条件

资本主义制度本质上并不能实现社会福利发展的最终目标，只有建立代表无产阶级和劳动群众利益的政权，才能真正解决福利困境。而共产主义社会是实现人类解放和人的自由而全面发展的理想社会，也是实现无产阶级福利解放的必要条件。

马克思认为人类解放和自由全面发展具有多层次性，包括人的素质的全面发展、能力的和谐发展、关系的协调发展、个性的自由发展等，各层次无不与社会福利改善密切相关。

人的素质的全面发展，其中最重要的是思想道德素质的发展。人的素质

① 《马克思恩格斯全集》(第1卷)，人民出版社2012年版，第284页。
② 《马克思恩格斯全集》(第3卷)，人民出版社1960年版，第38页。
③ 《马克思恩格斯全集》(第1卷)，人民出版社2012年版，第232页。

的全面发展,包括体力与智力的协调发展、社会素质的全面发展和能力素质的全面发展。这些都离不开教育福利的支撑,发展教育福利才能为人的全面发展提供条件。

人的能力的和谐发展,表现为人与外部自然界进行各种形式的交换,包括物质、能量和信息等,提升人的实践能力、认识能力和审美能力等。实现人的协调,离不开良好的社会福利安排。

人的关系的协调发展,在未来理想社会,人与人之间关系体现在全方位的社会关系上,人获得异常丰富的全面发展。① 社会福利的发展,本身就是体现人与人平等,促进人与人关系协调的润滑剂。社会福利既为个人生存发展提供制度安排,随着社会进步,不断提高的社会福利,夯实个性自由发展的基础。

马克思指出,实现人类解放和人的自由而全面发展是人类社会福利的最终目标,但是实现这一目标需要与之相适应的条件,需要社会生产力的发展,也需要经济、文化各个方面进步。马克思认为,只有达到了一定社会生产力水平,才能获得相匹配的物质生活条件与精神文化条件,两者缺一不可。

三、无产阶级政党领导社会福利事业的使命

作为全世界无产阶级解放的学说,马克思主义特别重视无产阶级政党领导权的阐述,无产阶级政党领导权理论构成马克思主义特别是科学社会主义的重要内容。1848 年 2 月,马克思、恩格斯为共产主义者同盟起草纲领,发表著名的《共产党宣言》,这是世界上第一个无产阶级政党纲领,是关于科学共产主义的第一个纲领性文献,其中创造性地提出党的领导作用等相关理论。马克思主义无产阶级政党及其领导权理论,经过在革命实践检验,并在实践中不断完善,列宁领导无产阶级革命过程中,特别强调无产阶级政党将福利利益作为斗争的主要内容,并在斗争胜利后,将无产阶级福利权益写入党的纲领。

马克思与恩格斯投身于革命实践,充分吸取与总结无产阶级斗争的经验和教训,积极为无产阶级政党的创立而斗争。马克思主义理论的创立和发展,

① 《十七大党章修正案学习问答》,党建读物出版社 2007 年版,第 35 页。

为工人运动提供了指导纲领。马克思与恩格斯指出，工人运动旨在让无产阶级得到全面解放，包括让无产阶级摆脱贫困。而无产阶级的全面解放，必须创建独立的无产阶级政党，并团结在无产阶级政党周围。社会革命能否取得根本性胜利，达到革命的终极目标，无产阶级福利状况的根本改善，关键在于共产党牢牢把握无产阶级革命运动的领导权。《共产党宣言》明确指出，共产党自身具备的先进性是其足以胜任无产阶级革命运动领导者的本质所在，也是能够代表无产阶级的福利利益的保证。马克思与恩格斯还在《共产党宣言》中强调，共产党的特殊之处，并非与其他政党的敌对抗衡，而是体现在共产党人始终追求超越民族的无产阶级整体利益。正因如此，共产党人在理论上比其他无产阶级和革命群众更加了解无产阶级运动，在实践上始终作为推动各国工人阶级政党发展的中坚力量，在无产阶级福利斗争中发挥领导作用。可以看出，马克思与恩格斯关于无产阶级党的领导理论，为无产阶级政党的创立指明了方向，也是坚持党在革命斗争中独立性和牢牢把握领导权的思想渊源，还是无产阶级政党领导福利斗争的理论源泉。①

列宁领导无产阶级革命并建立第一个无产阶级专政政权，还经历无产阶级专政可能被颠覆的危险，对于无产阶级专政以及党的领导权问题的认识，列宁具有更加深刻的认识。列宁在革命实践考验基础上，进一步深化了无产阶级政党领导权理论。列宁认为，无产阶级政党在残酷的阶级斗争中具有至关重要的地位。无产阶级专政的任务不是一蹴而就的，而是经历了无产阶级政党领导下不断强化的历史过程。此外，列宁还在马克思主义政党学说的基础上，联系苏俄当时的实际，首次提出党领导红军和国内战争的思想，成为社会主义发展进程中有关党的领导作用的一次创造性发展。

列宁无产阶级政党领导权的思想主要包括三个部分的内容：首先，党要做好充足的宣传和动员工作；其次，党内要成立专门的红军教育机构和工作保障机构；最后，党组织要始终坚定国内战争胜利的决心与信心，批判和摒弃一切错误的思想倾向与言论。列宁反复强调，无产阶级专政经久不衰，离不开具有"铁"一般战斗力的无产阶级政党的领导。所谓的"铁"，一方面指无产阶级

① 《马克思恩格斯选集》(第2卷)，人民出版社1995年版，第611页。

政党具备钢铁一般的坚定意志以及无坚不摧的战斗力;另一方面,党内还必须具备非常严格的“铁的纪律”。列宁认为只有这样的政党,才能真正得到整个无产阶级全心全意的拥护,才能长久地实现无产阶级专政。他的这一思想将无产阶级政党对于无产阶级专政的领导作用,提升到了空前重要的地位。

无产阶级政党如何领导工人阶级福利斗争,保障福利权益?列宁注重通过党的纲领建设进行明确。列宁指导俄共(布)党纲草案起草,表明党的无产阶级福利建设主张,争取无产阶级平等的劳动报酬和合理的收入分配。列宁主张党领导无产阶级社会福利,必须将生产和福利、分配和劳动密切结合,反对平均主义分配。新经济政策施行不久,列宁就提出,不要按照平均分配的原则来分配粮食,否则会产生平均主义,不利于提高生产。

第二章　中华人民共和国成立以来党领导社会福利事业的分析框架

中国共产党坚持“党对一切工作的领导”，是党领导中国人民站起来、富起来到强起来各个历史时期以来的一贯传统，也是党的十八大以来党治国理政的科学认识，更是新时代中国特色社会主义思想的重要价值向度，党的十九大报告对“党是领导一切的”基本要求做出了明确阐述。党对社会的领导，从宏观上来讲，考验党的组织和党员干部的领导本领、执政能力和执政水平；从微观上来说，其实就是对党员干部的领导水平和业务能力的审核和考察。党与社会的关系，一方面是党领导社会，通过执掌政权治理社会，领导和团结人民群众建设社会；另一方面，党依托社会，党的领导必须具有立于不败之地的社会基础。这些基础理论，明确了党与社会的分析框架，为党领导社会福利事业的经验研究提供了逻辑思路。

第一节　党领导一切的基本原则

一、党领导一切的历史传统

坚持“党对一切工作的领导”，这是马克思、恩格斯对无产阶级政党建设的根本要求。《共产党宣言》这样强调：“在实践方面，共产党人是各国工人政党中最坚决的、始终起推动作用的部分,在理论方面,他们胜过其余无产阶级群众的地方在于他们了解无产阶级运动的条件、进程和一般结果。"[①]实践方面的革命性决定了共产党人胜任社会主义革命的领导;理论方面的先进性决定了共产党人懂得进行怎样的社会主义革命。列宁指出:"国家政权的一切政治经济工作都由工人阶级觉悟的先锋队共产党领导"。[②] 马克思主义从各方面阐述了"党对一切工作的领导",中国革命、建设和改革的历程证明,哪个阶段能够遵循"党对一切工作的领导",哪个阶段的事业就能取得重大成就。

(一) 新民主主义革命时期"党领导一切"的提出

中国共产党经过 28 年的革命斗争,成功领导建立中华人民共和国,这一历史进程中也曾经历挫折考验。1935 年遵义会议之前,中国革命就曾遭受挫败,归根溯源,就是因为缺少一个有力的领导核心。邓小平指出:"从陈独秀、瞿秋白、向忠发、李立三到王明,都没有形成过有能力的中央。"[③]1926 年 12 月在中共中央汉口特别会议上,陈独秀的右倾思想发展成为党中央占统治地位的右倾投降主义。[④] 无产阶级在资产阶级民主革命中领导权的放弃,使大革命惨遭失败。后来发生了三次"左"倾错误,第一次"左"倾错误发生在 1927—1928 年,大革命失败,中国共产党面临生死存亡的危急关头,在李立三为代表的"左"倾盲动主义指导下,全国盲目进行罢工和暴动,导致了革命力量的严重损失。[⑤] 1931 年,王明"左"倾教条主义在党内部弥漫,这是第二次出现"左"倾错误思想。当时,党领导的革命形势有了一定好转,日益发展的革命形势及共产国际的错误指挥,使得一些同志错误认为,新的革命浪潮已经到来。于是,一直在党内存在着的若干"左"倾思想和政策,又恶性发作起来。党中央在国统区的工作出现混乱,陆续发生变故,顾顺章、向忠发先后在武汉和上海被捕叛变,[⑥]党的领导机构遭到严重打击。接着,1931 年 11 月,党内出现第三次

---

① 《马克思恩格斯文集》(第 2 卷),人民出版社 2009 年版,第 44 页。

② 《列宁专题文集论无产阶级政党》,人民出版社 2009 年版,第 353 页。

③ 《邓小平文选》(第 3 卷),人民出版社 1993 年版,第 309 页。

④ 吴小军:《中国共产党应对困难的历史经验》,《理论视野》2012 年第 7 期。

⑤ 王贵:《论"坚持党对一切工作的领导"的历史演变及其在新时代的价值向度》,《云南行政学院学报》2018(3)。

⑥ 杨飞:《中共中央所在地变迁史》,新湘评论 2011 年第 14 期。

“左”倾错误,党当时在江西瑞金成立了临时政府,蒋介石采取“堡垒主义”的策略,对革命根据地进行攻击,但是革命武装依然在王明“左”倾主义的笼罩之下,拒不接受毛泽东的正确意见,使红军陷入了完全被动的境遇。经过一年的苦战,最终还是导致了“第五次反围剿”的失败。

1935年1月召开的遵义会议,纠正党内“左”倾领导,挽救了中国共产党,挽救了中国革命。经过错误思想导致致命打击的洗礼,中国共产党逐步意识到党的正确领导对于中国革命的不可替代的重要作用。

抗日战争期间,中国共产党明确提出“党领导一切”的重要原则。1942年,抗日战争从防御阶段进入相持阶段,抗战也处于艰难时刻。为应对残酷的战争环境,更为了应对党内出现的“山头主义”和违反民主集中制的无组织、无纪律的“分散主义”倾向,中国共产党意识到加强党的领导的重要性。1941年9月,《关于统一抗日根据地党的领导及调整各组织间关系的决定》得以颁布,文件首次提出“党领导一切”的重要思想。“党是无产阶级的先锋队和无产阶级组织的最高形式,他应该领导一切其他组织,如军队、政府与民众团体。根据地领导的统一与一元化,应当表现在每个根据地有一个统一的领导一切的党的委员会(中央局、分局、区党委、地委)”。① 这一文件确定的“党领导一切”原则,为保证抗战胜利提供了政治保障。毛泽东对党的集中统一领导非常重视,他强调:“实行一元化领导是重中之重,反对‘一国三公’”,“避免政出多门,各方政权互相扯皮推诿的现象存在,要建立党的领导核心,积极配合党集中力量打击敌人”。② 毛泽东为核心的党的领导逐步巩固,全党全军和全国人民抗日战争和解放战争有了核心领导。

(二) 社会主义建设时期强调“党对一切工作的领导”

中华人民共和国成立,中国共产党成为执政党,为了巩固共产党的执政地位,同时为了领导发展社会生产力,党认识到调整革命战争时期领导方式的必要性。1954年的全国人大一次会议上,毛泽东再一次强调“党领导一切”的原

① 《中共中央文件选集(1941—1942)》(第13册),中共中央党校出版社1991年版,第427页。
② 《毛泽东文集》(第3卷),人民出版社1996年版,第69页。

则:“领导我们事业的核心力量是中国共产党。”[①]两年后毛泽东在中共八大会议上,进一步提出“我们的党现在比过去任何时期都更加团结,更加巩固了。我们的党已经成了团结全国人民进行社会主义建设的核心力量。我们各方面工作都有很大成绩”。[②] 在社会主义建设时期,中国共产党面临新的任务和挑战,对“党领导一切”提出了更高要求。三年困难时期,毛泽东对于“党领导一切”的原则做了阐释,他在1962年扩大的中央工作会议上讲话提出:“工农商学兵政党这七个方面,党是领导一切的。”[③]在此次会议上,毛泽东同样指出落实民主集中制的要求:“党委的领导,是集体领导,不是第一书记个人独断。在党委会内部只应当实行民主集中制。第一书记同其他书记和委员之间的关系是少数服从多数。”[④]1970年代,毛泽东继续强调“党政军民学,东西南北中,党是领导一切的。”他还引用历史典故深入阐述“党领导一切”的原则。毛泽东还要求发扬党内民主,并借用典故讲道理,刘邦听取郦食其的意见,打败了不听范增意见而错失良机的项羽,这个教训提醒党的领导必须采取“民主集中制”,党内领导要“豁达大度,从谏如流”,更讽刺党内有些干部像项羽,建议党内领导干部要学会做批评和自我批评,能够充分吸收群众的建议,做出科学的决策。[⑤] 1962年3月,周恩来在谈到1957年以后党对科学文化工作的领导进一步确立时,这样总结说:“必须肯定党应该领导一切,党能够领导一切。”同时他又提出“现在的问题是如何领导一切?什么是一切?这个问题正在逐步解决”。[⑥] 从中华人民共和国成立到改革开放之前,这一时期贯穿28年时间,党领导社会主义建设取得伟大成就,究其根本是由于始终坚持“党领导一切”的思想,党的领导实践,证实了社会主义建设需要继续坚持和巩固“党领导一切”的基本原则。

(三) 中国特色社会主义建设发展时期对“坚持党对一切工作的领导”思想的重新认识

1978年改革开放以后,邓小平明确提出必须坚持四项基本原则,四项基本

① 《毛泽东文集》(第6卷),人民出版社1999年版,第350页。
② 《毛泽东文集》(第7卷),人民出版社1999年版,第114—115页。
③ 《毛泽东文集》(第8卷),人民出版社1999年版,第305页。
④ 《毛泽东文集》(第8卷),人民出版社1999年版,第294页。
⑤ 张思京:《深刻理解始终坚持党对一切工作的领导》,《湖湘论坛》2019年第2期。
⑥ 《周恩来选集》(下卷),人民出版社1984年版,第364页。

原则中就有坚持共产党的领导，邓小平强调："没有共产党的领导就不可能有社会主义革命，不可能有无产阶级专政，不可能有社会主义建设，在今天的中国，决不应该离开党的领导而歌颂群众的自发性。"①他指出，党的领导难免错误，对于党如何进一步密切联系群众，进行正确的和有效的领导，是一个必须认真考虑和努力解决的问题，然而，并不能因此要求削弱和取消党的领导，不能重犯历史上曾经发生的错误，历史经验证明，每一次错误的纠正，都是依靠党而不是离开党实现的。离开党的领导，就会导致无政府主义，葬送社会主义事业。② 中国共产党领导中国革命，从开始只有 50 多名党员，发展成为执政大党；从局部执政走向全国执政，没有中国共产党，中国革命就不可能成功；同样，没有中国共产党的领导，社会主义建设和改革开放也失去了领导保障。邓小平论指出："自从我们党成为执政党，成为全国团结的核心力量，四分五裂、各霸一方的局面就结束了……中国由共产党领导，中国的社会主义现代化建设事业由共产党领导，这个原则是不能动摇的；动摇了中国就要倒退到分裂和混乱，就不可能实现现代化。"③邓小平同时要求改善党的组织领导、提高党员的基本素质、加强党的纪律建设等，进一步强调"全党服从中央"的集中统一领导。邓小平不仅强调了加强党的领导的重要性，还对中华人民共和国成立后借由"党领导一切"的口号延伸出的弊病进行剖析，他针对存在的问题深入分析："权力过分集中的现象，就是在加强党的一元化领导的口号下，不适当地、不加分析地把一切权力集中于党委，党委的权力又往往集中于几个书记，特别是集中于第一书记，什么事都要第一书记挂帅、拍板。党的一元化领导，往往因此而变成了个人领导。全国各级都不同程度地存在这个问题。权力过分集中于个人或少数人手里，多数办事的人无权决定，少数有权的人负担过重，必然造成官僚主义，必然要犯各种错误。"④1980 年代以来，针对"党的一元化领导体制"的不同声音，1989 年 6 月 16 日，邓小平同江泽民、李鹏、乔石、姚依林、宋平、李瑞环、杨尚昆、万里谈话，指出要建立起第三代的领导集体："任何一个

① 王树荫、连欢：《改革开放伟大事业成功的生命线》，《思想理论教育导刊》2018 年第 12 期。
② 丁晓强：《论坚持党中央集中统一领导》，《红色文化学刊》2018 年第 12 期。
③ 《邓小平文选》(第 2 卷)，人民出版社 1994 年版，第 267 页。
④ 《邓小平文选》(第 2 卷)，人民出版社 1994 年版，第 329 页。

领导集体都要有一个核心,没有核心的领导是靠不住的。第一代领导集体的核心是毛主席。第二代实际上我是核心。第三代的领导集体也必须有一个核心,就是现在大家同意的江泽民同志。新的常委会从开始工作的第一天起,就要注意树立和维护这个核心。"[①]邓小平的以上讲话,实际上是严格区分了"党的一元化领导"与"党包办一切"的关系。2000 年 1 月,江泽民在中纪委第四次全体会议上发表重要讲话,再次重申了党的领导原则:"中国共产党是领导建设有中国特色社会主义伟大事业的核心力量。工农兵学商,党是领导一切的。当今中国的事情办得怎么样,关键取决于我们党,取决于党的思想、作风、纪律、领导水平。"[②]进入 21 世纪,党的领导进入了新的篇章。特别是党的十八大以来,从严治党不断深入,党的领导持续得到加强。习近平总书记在党的十九大报告中对"党领导一切"进行了重申:"党政军民学,东西南北中,党是领导一切的。必须增强政治意识、大局意识、核心意识、看齐意识,自觉维护党中央权威和集中统一领导,自觉在思想上政治上行动上同党中央保持高度一致,完善坚持党的领导的体制机制。"[③]党的十九大报告把坚持党的领导的体制机制放在了领导核心地位,把"坚持党对一切工作的领导"置于社会主义建设的首要位置,充分体现了"党的领导"这一思想的重要地位,也是坚持政治意识、大局意识、核心意识、看齐意识的重要前提,更是实现伟大斗争、伟大工程、伟大事业、伟大梦想的重要保障。

中国革命、建设和改革的成功实践,特别是改革开放以来的巨大成就,用活生生现实说明了党领导一切的原则不容置疑。党领导一切具体体现在三个主要方面:一是坚持马克思列宁主义的思想理论指导,坚定理想信念;二是必须坚持一个政党只有一个领导核心的原则,为推进中国特色社会主义伟大事业提供领导保障;三是坚持党对一切工作的集中统一领导,确立和维护党的领导核心的地位,避免政出多门。

---

① 《邓小平文选》(第 3 卷),人民出版社 1993 年版,第 310 页。

② 《江泽民在中央纪委第四次全体会议上发表重要讲话》,《人民日报》2000 年 1 月 15 日第 1 版。

③ 习近平:《决胜全面建成小康社会 夺取新时代中国特色社会主义伟大胜利——在中国共产党第十九次全国代表大会上的报告》,人民出版社 2017 年版,第 20 页。

二、党领导一切的价值向度

“党领导一切”是中国共产党执政的正确经验，也是党的十八大以来党治国理政的科学认识，更是新时代中国特色社会主义思想的重要价值向度。

(一)“坚持党对一切工作的领导”是党对革命和执政的规律性认识

规律是社会发展的必然和推动社会向前发展进步的动力。实现民族独立和人民解放，是中国共产党的重大革命任务。革命的首要问题，就是必须认清谁是我们的“敌人”，谁是我们的“朋友”。① “如何领导”革命的“朋友”展开对“敌人”的艰苦斗争？这就必须认识并始终坚持党的领导。1921 年中国共产党成立到 1927 年大革命失败，历史的教训让中国共产党确立了“党的领导”这一基本原则，党的领导干部终于认识到党领导的重要性。1929 年 5 月底，毛泽东在福建永定县湖雷主持召开红四军前委会议，他强调：“个人领导与党的领导，这是四军党的主要问题。”②在革命斗争阶段，党的领导还是个人领导，是新型人民军队与中国一切旧式军队相区别的根本标志，革命队伍必须坚决拥护党的领导。1927—1937 年第二次国内革命时期，党内“左”倾错误的影响，党的领导没有得到真正落实，导致党的建设和革命事业遭到重大损失。1931 年抗日战争爆发，党不仅面临国民党的夹击，还面临着日本敌军的攻击，如何坚持党的领导，在纷繁复杂的历史时期显得尤为重要。毛泽东在这一时期提出要坚定不移地坚持党的集中统一领导。“三三制”是抗日战争时期革命根据地民主政权的组织形式，在“三三制”中，代表工人阶级和贫农的共产党员、代表和联系广大小资产阶级的非党左派进步分子和代表中等资产阶级、开明绅士、地方实力派的中间分子各占 1/3，实际工作中，党为了维护革命的领导权，注重争取和安抚好中间人士。在抗战极端困难的时期，中国共产党越发认识到党的领导的重要作用，并鲜明提出了“党领导一切”的思想原则，发挥党的领导核心作用，为抗日战争的胜利打下了坚定的基础。1935 年红军到达陕西，开始了党局

① 《毛泽东选集》(第 1 卷)，人民出版社 1991 年版，第 3 页。
② 《毛泽东文集》(第 1 卷)，人民出版社 1993 年版，第 65 页。

部执政的“延安时期”。为了应对局部执政时期纷乱复杂的历史环境,“延安时期”逐渐形成“政党和社会一体化”①的政权形式。这是党在局部执政的过程中根据领导建设的需要,对执政体制所进行的创新性探索。

中华人民共和国的成立,标志着党从局部执政走向全国执政,党的工作重心也从农村转移到城市,党注重从防止腐化,发展统一战线,提高领导和执政能力等方面,进一步探索党领导一切的制度安排。社会主义建设时期,“政党与社会一体化”的执政方式,保证了党自力更生的经济政策和独立自主的政治原则的落实。由于缺乏社会建设的经验,从执政手段上看,虽然国家制定了基本的法律规范,但是在政治生活广泛起作用的是党的政策,甚至发生直接以党的政策代替国家法律的情况。加上“个人崇拜”破坏了党的民主组织原则,阶级斗争扩大化,阻碍了经济的发展和社会的进步。

改革开放以后,中国共产党分析国际局势的时代特征,邓小平提出了和平与发展是时代主题,党的中心任务是集中力量领导经济建设。“政党社会一体化”执政形式,已经不能适应市场经济发展的经济格局,客观上要求党的领导转变为政治、经济、组织领导,由此形成了“党—政府—社会”的执政格局。

从历史经验来看,坚持“坚持党对一切工作的领导”的原则,必须从把握革命和执政规律的高度,认清以下几点:1. 党的领导必须坚定不移地坚持,越是关键时期,越要坚持党领导一切,保证中国特色社会主义稳步向前;2. 党、政府、社会组织要职权分明,党主要发挥总揽全局、协调各方的作用;3. 党领导一切必须坚持民主集中制原则。

(二) 党的十八大以来进一步强调“坚持党对一切工作的领导”

党的十八大以来,党领导中国特色社会主义进入新时代。面对全球百年变局,局部冲突加剧,外部环境更加复杂,我国内部经济发展进入新常态,一系列深刻变化考验党的领导,党坚持稳中求进工作基调,迎难而上,开拓进取,改革开放和社会主义现代化建设站到更高起点。

---

① 肖存良:《政党与社会的一体化:中国共产党执政规律新认识》,《甘肃理论学刊》2013 年第5期。

1. 从严治党，惩治腐败

腐败问题是各国国家治理中的顽疾，怎样才能根治腐败问题？党的十八大以来，党越来越认识到，治国必先治党，关键在于党能否焕发生机与活力。习近平总书记指出："人民群众最痛恨腐败现象，腐败是我们党面临的最大威胁。只有以反腐败永远在路上的坚韧和执着，深化标本兼治，保证干部清正、政府清廉、政治清明，才能跳出历史周期律，确保党和国家长治久安。"[①]只有从严治党，彻底治理腐败问题，才能够得到人民群众的信任，党的执政也才能得到人民的支持。从严治党的重要环节是坚定党员干部的理想信念。中国共产党就是因为一直有着坚定不移的共产主义理想才能走到今天。共产党人要时刻保持党的先进性就必须心中存在理想信念，永不抛弃，如果丢失了这份纯真坚定的信念，党就会止步不前，党员干部就会腐化蜕变。

2. 党领导治国关键在人心

唯物史观告诉我们，人民群众是历史的创造者，是夺取新时代伟大胜利的根基。我们党来自人民，也要根植于人民，从群众中来，到群众中去。"得民心者得天下，失民心者失天下，人民拥护和支持是党执政的最牢固根基。人心向背关系党的生死存亡。"[②]党员干部只有保持和人民群众的血肉联系，坚决摒弃脱离群众的危险，才能使党保持先进性、纯洁性和领导力。党的领导，首先要求在工作上必须服务群众，时刻牢记共产党人全心全意为人民服务的宗旨，党员干部要摆正自己的位置，积极为人民谋福祉，始终坚定不移地把人民群众的利益放在第一位，一切工作都要以人民为中心。其次，在情感上，党必须贴近人民，党员干部不能高高在上，而要带着对人民的深刻感情，切实扑下身子为人民干实事，下基层为群众谋福利。最后，党员干部必须提高领导水平和业务能力，既要政治过硬、又要本领高强，善于通过改善人民的民生福祉得到人民的信任。

3. 党领导理政重在发展

发展是旧事物通过不断完善成为新事物的过程，是新旧事物不断更替的过程，新时代全面深化改革开启了领导理政的新篇章。习近平总书记强调：

---

① 《中国共产党第十九次全国代表大会文件汇编》，人民出版社 2017 年版，第 53 页。
② 《习近平谈治国理政》，外文出版社 2014 年版，第 368 页。

"发展是党执政兴国的第一要务,是解决中国所有问题的关键。"①党中央提出了"创新、协调、绿色、开放、共享"五大发展理念,创新是发展的方向盘,坚持以促进协调、绿色、开放的发展理念来引领创新发展的历史格局。党的领导必须解决好发展这个主要问题,只有持续推动发展,走可持续发展之路,才能维护人民群众的利益,为人民谋福利。

(三)"坚持党对一切工作的领导"是习近平新时代中国特色社会主义思想的核心要义

1."党领导一切"是贯穿中华人民共和国成立以来党的历史实践的基本经验,"党领导一切"更是习近平新时代中国特色社会主义思想的核心理念

随着中国国际地位的提高,中国在国际舞台上既面临许多机遇,也面临更多挑战,这就需要中国共产党这个坚定的领导核心来引领新时代的发展方向。党的十九大报告中重申"坚持党对一切工作的领导"原则,既是对党领导一切的思想的重申和继承,更是不断地推陈出新的决心宣誓。中国共产党不断进行自我革命,提高领导中国特色社会主义和实现中华民族伟大复兴的能力。习近平强调:"全面从严治党永远在路上。一个政党,一个政权,其前途命运取决于人心向背。人民群众反对什么、痛恨什么,我们就要坚决防范和纠正什么。全党要清醒认识到,我们党面临的执政环境是复杂的,影响党的先进性、弱化党的纯洁性的因素也是复杂的,党内存在的思想不纯、组织不纯、作风不纯等突出问题尚未得到根本解决。"党的十八大以来,党开展惩治腐败行动,并且取得了伟大的成就,习近平总书记指出:"政治生态好,人心就顺、正气就足;政治生态不好,就会人心涣散、弊病丛生。"②中国共产党用实际行动来证实了自我革新的勇气和毅力。国家内政不断健全、政治民主不断进步,社会公众的政治认同构建相得益彰。反腐倡廉与"党领导一切"关系密切,随着反腐败斗争的深化,领导班子权利的监督和制约进一步加强,权力被关进笼子,得以在

① 《习近平谈治国理政》(第2卷),外文出版社2017年版,第38页。
② 《习近平谈治国理政》(第2卷),外文出版社2017年版,第167页。

阳光下运行。[①] 这样也能够减少党领导的错误，避免腐败现象的发生，更能够发挥好“党领导一切”的职能。

2. “党领导一切”的基本原则，要求加强基层组织建设

中国共产党领导革命军队进行斗争的经验表明，党把支部建立在连上，有效发挥了党的领导作用和支部的带头作用。与此同时，中国共产党在领导地方建设过程中，村里设有党小组和党支部，动员与组织村民，充分发挥了党员的模范先锋作用。当对农村基层的领导，无论是革命时期还是建设时期，都有力保障了农村稳定。改革开放以后，农村中的青年劳动力纷纷进入城镇务工，农村出现了青年劳动力缺乏的状态，农村的经济发展滞后，更出现了农村人脱离土地，对土地依赖大大降低，村干部存在脱离群众的问题，使得农村基层组织出现“软、瘫、乱”的现象。[②] 党在城市基层的领导面临另一种压力，大量农村务工人员的涌入，流动人口使得很多社区居委会党组织长期处于有名无实的情况，丧失了党的组织领导职能。由此可见，基层党建工作不论在农村还是城市都是需要巩固加强。

3. “党领导一切”的基本原则要求划清权力的界限

首先要厘清楚党委和政府各自的权力范围，党委主要把准总体方向、谋划大局促稳定、执行党的方针路线，充分发挥党员的模范先锋作用；其次，政府的任务是完成具体的指令性工作，完成党委下达的任务。只有各司其职，密切配合，才能使党领导的各项工作有序开展起来。

4. “党领导一切”的基本原则必须落实到党建设社会主义现代化的伟大实践中去

“党领导一切”的具体的实践体现在党的思想路线、宗旨和群众路线的辩证统一之中。党的宗旨是为人民服务，必须把为人民服务看作党领导一切的逻辑起点，作为党制定一切路线方针的出发点和落脚点。必须坚持解放思想、实事求是、与时俱进的思想路线，深入了解国家社会的状况，始终保持与时俱进的前进方向，保持实事求是的思想原则：调查研究是党领导一切工作的根

---

① 习近平：《决胜全面建成小康社会夺取新时代中国特色社会主义伟大胜利——在中国共产党第十九次全国代表大会上的报告》，人民出版社 2017 年版，第 67 页。

② 毛晨霞：《农村党建不容忽视亟待解决的问题》.《先锋队》2017 年第 28 期。

本方法,也是每一个领导干部向工作、向群众学习的根本方法。[①] 在调查研究的过程中要密切关注群众的需求,密切联系群众的所想所得,这种联系实际的方法为党的路线方针提供了非常可靠的依托。群众路线是党根本的工作路线,习近平指出:“群众路线是我们党的生命线和根本工作路线,是我们党永葆青春活力和战斗力的重要传家宝。”[②]一切依靠群众,从群众中来,到群众中去,党的十八大以来,党进行了反腐倡廉工作,出台了“八项规定”和“四风建设”大兴密切联系群众之风、求真务实之风、艰苦奋斗之风、批评与自我批评之风。党组织开展了一系列以群众路线教育活动为主的党员干部主题教育,提高了党员政治觉悟和党组织凝聚力与战斗力,得到了人民群众的一致好评。“党领导一切”的实践活动必须落实到党治国理政和维护群众民生福利的现代化实践中,共同推进新时代中国特色社会主义发展。

党的十九大报告突出强调“坚持党对一切工作的领导”这一基本原则,是党对历史经验的总结,也体现出新时代治国理政的基本要求。坚持中国共产党的领导,是中国特色社会主义制度的本质特征和基本要求,只有不断加强和改善党的领导,才能实现中华民族的伟大复兴,满足人民群众对美好生活的期盼。

三、党领导一切的基本要求

(一) 完整准确地把握“党领导一切”的科学内涵

党的十九大报告对“党是领导一切的”基本原则与科学内涵做出了准确的阐述。“党领导一切”的科学内涵需要全面理解,准确把握:首先,全党必须增强政治意识、大局意思、核心意识、看齐意识,自觉维护党中央权威和集中统一领导,自觉在思想上、政治上、行动上同党中央保持高度一致;[③]其次,党的领导体制机制需要在实践中不断完善,即坚持稳中求进的工作总基调,统筹推进

---

① 《中共中央文件选集》(第 37 册),人民出版社 2013 年版,第 276 页。
② 《习近平谈治国理政》,外文出版社 2014 年版,第 27 页。
③ 文丰安:《党员干部要切实增强看齐意识》,《党建研究》2018 年第 3 期。

"五位一体"总体布局，协调推进"四个全面"战略布局；[①]最后是党的领导具体体现在"把方向、谋大局、定政策、促改革"方面，党需要不断提高这些方面的能力和定力。这样才能落实党总揽全局、协调各方的定位，发挥"党是领导一切的"领导核心作用。[②]

党的十九大新修订的《中国共产党章程》，从各个方面对"党是领导一切的"这一思想原则做出明确阐释：第一，对于社会主义现代化建设，我们党要紧跟时代步伐，坚持科学执政的执政要求，适应社会主义现代化的发展要求；第二，中国共产党必须是人民各项事业的总开关，必须发挥好党总揽全局的重要指挥作用；第三，以经济建设为中心，党要集中精力搞建设，经济建设好了，国家强大，才能有基础开展方方面面的工作；第四，中国共产党必须要以人民为中心，按照民主执政和依法执政的要求，进行民主科学的决策；第五，要依法治国，凡事不能脱离法治轨道，党和国家必须要在宪法许可的范围内进行领导；第六，党应该加强对社会组织的领导，社会组织蓬勃发展是社会和人民的需要，党要支持社会组织的发展，提高他们参与社会治理的能力；第七，中国共产党要适应社会发展的需要，积极与党外人士进行沟通，认真听取群众意见和建议，增强党的执政能力，团结人民群众共同向美好生活迈进。

（二）始终坚持"党领导一切"的原则

中国特色社会主义进入新时代，这是党的十九大报告对我国所处的历史方位作出的政治判断。党的十九大还对新时代中国特色社会主义作出了明确规划：即从现在到 2020 年是全面建成小康社会的决胜阶段；从 2020 年到 2035 年，在全面建成小康社会的基础上，再奋斗 15 年，基本实现社会主义现代化；从 2035 年到本世纪中叶，在基本实现现代化的基础上，再奋斗 15 年，把我国建成富强民主文明和谐美丽的社会主义现代化强国。[③] 这些都体现了党领导的深谋远虑，具有很强前瞻性和科学性。与此同时，中华民族伟大复兴的中国梦绝对不是随随便便就能实现的，在奋斗的过程中必然会经历想象不到的

---

① 钟社文：《深入理解和把握稳中求进工作总基调》，《智慧中国》2018 年第 7 期。
② 李燕：《习近平关于"党是领导一切的"思想研究》，《湖北经济学院学报》2018 年第 3 期。
③ 杨德山：《坚持"党是领导一切的"基本原则》，《中国教育报》2017 年第 12 期。

曲折艰险。实现中华民族的伟大复兴，就是必须巩固和加强党的领导，从组织上和制度上，落实“党对一切工作的领导”。

第二节　党领导社会建设的能力和水平

社会建设是中国特色社会主义“五位一体”总体布局的重要组成部分，在“四个全面”战略布局中具有举足轻重的地位和作用，这对党的领导能力和领导水平提出了新的要求。党领导社会的能力和水平，是通过各级党组织以及领导干部来实现的，从宏观上来讲，党对社会建设的领导，考验党的组织和党员干部的领导本领、执政能力和执政水平；从微观上来说，党对社会建设的领导，其实就是对党员干部的领导水平和业务能力的审核和考察。

一、党的社会建设领导理念

社会建设跟政治、经济、文化的建设相比较，具有自身的特殊性。党对社会建设的领导，不能简单搬用其他领域建设的经验，也不能用传统、简单的思维模式去看待社会建设，必须善于领导理念的创新。创新领导理念，也要根据实际情况循序渐进，不能一味地肯定与否定，这就对党的领导理念提出了新的挑战。

(一) 集中统一式领导不能搬用

计划经济及改革开放初期，党和国家实行集中统一式管理，目的是提升经济效率，使人民集中起力量办大事。一定历史时期实行集中统一领导，的确适应当时发展的需要，也起到了举足轻重的作用，反映出党在人民群众中的威望，同时也凸显了社会主义制度的优越性。计划经济时期实行集中统一领导，由于是政府和党组织统一进行领导，所以从权威性和公共性来说，都要优于其他社会组织，党能够集中力量最大限度的调动社会资源，用来保证社会建设目标的实现，集中统一式管理的优越性，是其他管理方式所无法企及的。党和国家通过计划的手段对复杂多样的社会进行计划管理，体现了一定时期的历史要求，但是也造成了政府与社会力量之间关系的失衡。

社会在进步，时代在前进，改革开放40多年来，社会建设越来越复杂。社会建设工作直接关系人民群众民生福祉，与群众冷暖密切相关，是中国共产党人民立场、人民情怀的集中体现。随着经济社会发展，人民对美好生活的需要也更加多样化和多层次，既有物质文化生活的更高要求，民主、法治、公平、正义、安全和环境等方面的要求也越来越高，对党领导的社会建设带来新的挑战。集中统一的管理理念不能够有效应对这种挑战，不能有效解决当今社会所面临的社会治理问题。但是，传统理念的形成是经过长期积累，经过历史洗礼沉淀下来，在领导干部领导理念中潜移默化为惯性，创新领导意识和领导理念不能指望一夕生成。党需要循序渐进的去调整传统的统一管理形式，适应改革开放后城市单位制逐渐解体的现状，引导和利用社会力量，使社会力量有效参与党的社会建设和治理过程，合力推进理念创新和实践创新。

（二）创新社会治理理念

社会治理创新必须重视社会公正。社会公正是社会价值的底线，对和谐社会发挥基石作用。社会公正也是中国共产党执政的重要价值观，回顾中国共产党的奋斗历史，始终着力追求社会公正，为实现社会公正不断努力。社会公正既体现为一种价值理念，也体现为一种制度设计安排，基本要求体现在三个方面：一要建立社会公平保障体系，加强立法、监督和执行与引导，维护社会成员的民生福祉。二要公平处理民生重大问题，公平的两个维度，一个就是制度安排的公平；另一个就是群众认可的公平。三要切好蛋糕，建设中国特色的福利社会，群众以前更多地是“不患寡而患不均”，当前更多地是“既患寡又患不均”，党领导社会建设必须争取做大蛋糕，也要想办法分好蛋糕，有效解决初次分配和再次分配的公平问题。

党的和谐社会建设思想提出以来，促进了社会治理理念创新，集中体现在七个方面，可以概括为七句话：

从战略地位分析，社会治理工作居于突出的位置；从社会治理理念来看，凸显民生至上、人民为本；从社会治理体制分析，调动多元主体，加强共治互治;从社会治理方法分析,开辟更多路径,注重综合治理;从社会治理目标分析,社会建设激发活力又和谐稳定;从社会治理保障分析,重视社会治理人才培养;从社会治理路径分析,将顶层设计和基层联动紧密结合。

简而言之,社会治理创新理念的核心体现为"一"与"多"的统一,"一"就是治理理念的统一,坚持民生至上、人民为本;"多"表现在三个方面,也就是多元主体、多元方法和多元目标。

(三) 妥善平衡群体利益

在市场经济背景下,难免存在群体差异和利益分歧,党作为最广大人民利益的代表,必须妥善平衡不同群体利益,尤其是平衡好居于两端的强势群体和弱势群体之间利益。强势群体通常经济收入较高、有一定的社会地位、在生活时尚和消费潮流方面居于主导地位的人群。弱势群体一般就是在社会生活中权力、地位等方面力量相对弱势,社会资源和财富方面获得较少的部分人群,经济较为贫困是他们的重要特征之一。党的组织和领导干部既要鼓励一部分人通过合法收入先富起来,尊重他们利益,激发他们竞争积极性,又要重视关心弱势群体疾苦,城市低收入人群、农民工群体和农村困难人群等,往往缺少组织保障和庇护,缺少利益表达和权力维护机制,是党领导社会建设所必须关注的重点群体。①

在社会治理实践的过程中,强势群体拥有的知识、社会资源、人脉、法律背景等,更具社会优势,有的干部处理复杂、敏感的利益问题时,如在拆迁、征地等社会治理过程中,会不自觉的把利益的天平倾向于强势群体,就会造成群体利益安排上的失衡。与之相对的是,弱势群体在人脉关系、社会背景、法律知识等方面明显薄弱,如果维权的渠道不通畅,利益表达机制不健全,利益分配容易受损。这种违背公平的情况会对社会秩序和社会治理造成伤害,严重影响党领导的威信和群众根基。这就对党领导社会建设提出了较高要求,必须建立一套避免矛盾和解决问题的领导机制,达到群体利益的平衡。

---

① 龚维斌:《我国社会管理体制存在的主要问题》,《理论视野》2010 年第 1 期。

（四）践行全心全意为人民服务的宗旨

党的根本宗旨是全心全意为人民服务，社会建设重点就在于对人的服务与治理，关系到广大人民群众的根本利益。党的组织和领导干部必须密切联系群众，增强对人民群众的服务意识，尤其杜绝存在的享乐主义和奢靡之风。"从群众中来，到群众中去"是中国共产党的领导方法和工作方法，社会治理应该将管理与服务相结合。社会建设过程中，存在个别政府领导干部没有弄清"社会治理"的真正含义的情况，他们认为社会治理就是"管"人，"管"社会，对社会和人民进行管理与约束。实质上，社会治理归根结底就是为人民服务的，治理是为人民服务的手段，服务是治理的目的。这就要求党对社会建设的治理，必须根据各地实际情况深入了解人民到底需要什么？需要得到哪方面的满足？有哪方面的需求和难处？这样才能切实为人民群众解决好问题，为社会治理机制创新营造良好的环境。此外，领导干部的执政能力和业务水平也必须不断提高，如果面对社会治理新问题，不愿学习社会治理新知识，不懂得社会治理理论的实践应用，无法进行社会治理机制和方法创新，党领导社会建设的效果将会大打折扣。

二、党的领导方式

党的领导方式是党率领、引导人民群众和各种社会组织实现特定目标的形式、方法与途径的总称。改革开放以来，特别是党的十八大以来，中国共产党领导方式的创新取得了很大的进展，党的领导科学化水平不断提高，逐步形成一套具有中国特色的领导方式。社会建设领域治理方式的创新对党的领导方式创新提出了要求，而社会治理体制机制的创新，也必须契合领导方式的创新要求。因此，党领导社会治理体制的创新，是对中国共产党领导方式的重要考验，必须纠正一些不正确的认识和做法。

（一）加强和改善党的领导方式不代表"包办一切"

中国共产党是长期执政的政党，对国家的政治、经济、文化、社会生活等方面全面领导,是人民对党的要求,是宪法赋予执政党的权力。但党领导一切并非大包大揽。如果党直接干预社会生活的方方面面,这种领导方式会使其他公共职能部门无法发挥其职能,同时也分散了党总揽全局、协调各方的注意力,不利于加强和改善党的领导。社会建设具有自身的复杂性和规律性,党在领导社会建设的进程中,必须充分了解社会体制的运行机制,充分适应社会建设的时代要求。党的领导在于发挥"总揽全局,协调各方"的重要作用,总揽全局就是要求党领导好全局性问题,要改变大包大揽的做法,把精力放在了解人民群众企盼,谋划全局性发展战略上来。与此同时,一旦社会发展的战略目标确定,党领导的社会主义事业就必须通过改革来推进社会建设,确保逐步实现战略性目标。协调各方就是要求党领导的社会治理活动协调好各利益群体的诉求,使各方面都各司其职,相互配合,形成合力。全面深化改革不断深入发展,新时代社会基本矛盾突出表现为不平衡和不充分发展,群体利益分歧在所难免。党领导社会建设进程中,需要建立协商机构或协商平台,协调各方利益和分配格局,疏通利益表达渠道,杜绝社会治理危机,实现社会和谐稳定。

(二) 党政职能划分必须适度

社会建设的党政职能划分上,要尽力避免职数过多、职位重叠、职能不清等现象的发生。党政权责划分不明确,会造成社会治理进行不顺畅,说明领导方式方法不科学。职数过多与职位重叠容易造成管理环节的增多,机构内部膨胀和效率低下,还会导致权责不分明。党与立法机关职责定位必须明确,"党委重大问题的决定权和人大重大问题的决策权如何划分?如何操作?在实践中,如果分不好,就必然要导致政出多门、政策撞车、政策多变,这样就减弱了政策的权威作用"。[①] 党与政府在社会治理体制中的职责也需要厘清,政府主要任务是如何在社会上挑选出适合社会治理创新的人才,在方向上及时把握总"船头",并对社会治理体制的结果进行有效的监督。因此,党领导社会治理活动,既要坚定不移地确定党的领导核心作用,也要充分体现公共权力的职责和界限。

---

① 曾志云:《党政领导体制的历史研究与当代构建》,福建师范大学,2011年。

（三）重视各界党组织和政府部门的监督

党的领导方式的总体适应，并不意味运行畅通，还必须加强对各级党组织和政府部门的监督约束。具体治理和服务部门一定程度上还存在对党的政策执行效果不佳，部门之间相互推诿塞责，工作不能及时落到实处等问题，这就需要完善党领导社会建设的监督机制和约束方式。党领导的社会治理走向制度化和法治化，建成中国特色社会主义治理体制，这是社会治理体制机制创新的重要方向，也是全面深化改革的基本要求。“党要坚持依法治国的原则，尽快实现由制度性领导向法治性领导转化，让法治观念成为全社会的一种共识，并最终转化成人民的一种自觉行动，那么，我们的社会就会不断的走向和谐，党的领导就会处在积极主动的状态。”①党通过法制化建设将政治理念上升为国家意志，并用法律法规的形式确保下来；依法治国必须坚持社会主义基本方向，维护党的领导，党的领导和依法治国，两者相互统一。

经过改革开放40多年的不断探索，特别是十八大以来，党领导社会的体制机制创新取得了前所未有的进步，根据新时代中国特色社会主义发展的要求和人民群众的企盼，党需要不断巩固和加强对于社会建设的领导，发挥“总揽全局，协调各方”的重要作用，合理划分党、政府和社会的职责，加强党组织和干部的监督约束。

三、党的领导干部

领导对社会建设的领导方面，党的领导干部发挥着至关重要的作用，领导干部队伍思维活跃、作风稳定、扎实可靠，才能够推动社会建设和治理体制创新。毛泽东说过，“政治路线确定以后，干部就是决定的因素”。② 改革开放以来，党的干部培养特别对社会治理人才非常重视，党和国家机关多次组织干部学习和讨论社会建设和社会治理的热点问题，也举办了许多培训班来提高领导干部的业务能力。就社会福利事业干部队伍培训来说，民政部设有培训中

① 许顺富：《用科学发展观创新党的领导方式》，《党政干部学刊》2009年第6期。
② 《毛泽东选集》（第2卷），人民出版社1991年版，第526页。

心,主要承担民政部直属机关干部和民政系统干部职工在职培训任务,该中心下设项目管理部、培训管理部、综合工作部、信息技术部,已经初步形成社会工作、民政业务、民政技能人才等三大培训体系,拥有一支由民政部门领导和专家学者组成的高级咨询队伍,培养了一大批社会福利事业干部队伍,被誉为"民政干部的摇篮"。

新时代社会主要矛盾的新变化,对党领导社会建设带来了挑战,也给领导干部提出了新的要求。

(一) 加强党的领导干部专业化建设

当前社会转型发展需要大量专业化的社会治理干部,既包括能够创新社会治理理论的学者型干部,也包括在实际工作中的实践管理型干部。党需要根据社会转型的需要,加强对各级各类社会专业领导干部的培养,让他们懂得社区建设、社会福利、社会救助、儿童福利、老年人救助等方面基本规律,又具有基层实践经验,这样的干部才能进行创新性工作,满足人民群众日益增长的社会服务需求。当然,干部队伍建设不是一蹴而就的,需要根据党和国家实际情况,构建具有中国特色的社会治理干部培训体系。

(二) 加强党的领导干部能力建设

党领导社会建设,体现在科学执政、依法执政、民主执政等方面,成效如何？关键依赖干部队伍的能力。在社会治理形势已经发生深刻变化的今天,干部队伍还存在理论认识不够,实践能力不足的问题。"有些领导干部缺乏改进领导方式的意识,仍然用老一套的方式来应对问题;有些领导干部虽然知道领导方法行不通了,但是新办法又不会用;还有的领导干部思想懒惰,不仅不会积极的开动脑筋想办法,反而等着别人把新办法送上门来。这些思想与党在现代化建设中的领导地位极不适应。"①新时代的社会建设和治理创新已经迫在眉睫,党的领导干部亟待克服本领恐慌,努力提高各方面素养,具备创新能力、踏实肯干、敢于冒险、把人民放在首位的综合素质。

① 郑权:《国有企业体制创新与党的领导方式研究》,中共中央党校,2002年。

（三）加强党的领导干部作风建设

作风是领导干部建设的关键，领导干部的作风对党风政风乃至整个社会风气会产生重要影响，对党领导的社会福利事业发展也产生重大影响。领导干部的作风建设，重在真抓实干和促进发展方面下功夫。领导干部在思想作风上，必须坚持中国特色社会主义理想和马克思主义基本原则，善于将科学理论与中国的实际相结合；领导干部在学风建设上要坚持勤奋好学，加强修养，学习是社会建设和社会治理领导干部的基本素质，面对社会转型发生的改革发展稳定的重要任务，社会领导干部必须不断地加强业务知识学习，优化知识结构，自觉地将学习的体会和成果转化为谋划工作的思路；领导干部在生活作风上要严于律己，虚心接受人民群众的意见和监督。领导干部不仅要在认识上到位，更应具有行动力，将决心变为具体的行动和群众的利益，更多地将心思用在干事业上，把精力投入抓落实中去。但是，“有些领导干部的心中一直充塞着‘官老爷’思想，没有‘全心全意为人民服务’的意识，作风浮夸，严重脱离实际，脱离群众。由于位高权重，再加上自身的思想教育和外界的纪律监督工作的不够强势，就使得一些领导干部降低自身的党性修养，大肆以权谋私、严重渎职、失职，形式主义、官僚主义泛滥，腐化堕落，败坏了社会风气，挫伤了党群关系和干群关系”。[①] 新时代对党的干部领导社会建设和社会治理体制创新提出迫切要求，党的领导干部必须紧随时代的步伐，不断提高业务素质和领导能力，适应社会发展的需要，满足人民群众的民生福利需要。

第三节　党与社会的分析框架

党与社会的关系，一方面是党领导社会，通过执掌政权治理社会，领导和团结人民群众建设社会；另一方面，党依托社会，党的领导必须具有立于不败之地的社会基础，这也就是说党要有效的掌握政权，必须广泛地赢得社会的认

---

① 密珊：《党领导社会管理体制创新研究》，中共中央党校，2013 年。

同和支持,建立扎实而稳固的社会基础。党领导社会又依托社会,社会福利事业正是属于社会领域中关系特殊群众切身利益的民生范畴,党与社会的分析框架,为党领导社福利事业的经验研究提供了逻辑思路。

一、党领导社会

中国共产党作为中国特色社会主义建设事业的领导核心,“党领导一切”的基本原则在党的各个历史阶段都得到充分体现。坚持党的领导是中国革命成功的法宝,坚持党的领导是改革开放取得成功的保证,坚持党的领导是新时代中国特色社会主义的最本质特征。党对社会的领导,是“党领导一切”基本原则在社会建设领域的体现,贯穿党的社会建设各个历史阶段。同时,坚持和改善党的领导是辩证统一的,党善于根据时代要求,不断转变党对社会的领导方式。

改革开放前,党全面领导社会,突出表现为党全面控制社会,国家包办回应社会诉求,针对特殊群体的社会福利事业,也由党和政府包办提供。“没有共产党,就没有新中国”,中国现代社会的培育和发展离不开党的领导,正是因为中国共产党的领导,曾经压在中国社会头上的“三座大山”才被推翻,通过党领导的革命和改造,封建的和殖民的社会因素得以涤荡,随着社会主义建设的推进,现代社会一步步孕育生长。中华人民共和国成立以后,城市通过计划经济体制调动各方面资源,在一穷二白的基础上建立起现代工业体系,并逐步加以完善,生产力获得跨越式发展,新的社会关系也建立起来。与之相伴的是,工人阶级和城市居民快速增长,城市化加速发展,城市人口高速增长,这些都加快了中华人民共和国现代城市社会的生长。随着农村土地改革,农村消灭了封建生产关系,新的生产关系很快建立,中华人民共和国成立初期广大农民劳动生产积极性高涨,农业生产力显著提高,初步具有现代因素的农村社会逐步发展。改革开放之前,在党领导创造社会的基础上,党领导社会演变出党和国家全面控制社会和全面包办社会的管理体制。在城市,党领导和包办社会,表现为党政企不分,单位体制包办职工和及其家属的柴米油盐、衣食住行和生老病死,针对特殊困难群体的社会福利事业同样具有包办的特点。在农村,当领导社会表现为党政社不分,农村人民公社涵括政党、国家和社会以至军队等主体与职能。党在社会福利事业领域,城市建立了包办一切的社会福利收养单位,农村建立了集体“五保”等农村社会福利事业。

党领导社会逐步成为党包办社会,党领导的扩张偏离政党的角色,社会极大受到削弱,反过来也影响党领导国家建设的物质基础与政治基础,党的领导一定程度出现困境。党包办一切的体制的不足随着改革开放显露得更加明显,市场经济的发展对完善党的领导提出要求,党领导的社会福利事业开始主动转型。

随着各项改革事业的推进,党领导社会方式发生显著变化,党对社会的领导更加注重利益表达和力量整合。就城市来说,一方面,由于非公经济成分的生长,其占国民经济比重越来越大,非公经济就业人口比例越来越大,表明单位体制以外的社会空间显著扩大,对于新增的社会空间,党包办社会力所不逮。另一方面,原有的单位制逐步转型,党政机关和国有企事业也进行改革,单位的生产和工作职能回归,包揽一切的全能型单位转型为工作型单位,不再包办柴米油盐、衣食住行和生老病死,部分职能转向社会。城镇社会福利事业收养机构,也开始社会化转型发展。就农村来说,人民公社退出历史舞台,家庭联产承包责任制很快在全国农村推行,计划经济时期依靠农村集体经济建设的“五保”等福利事业面临挑战,更加重视社会力量的导入。

新时代党领导中国特色社会主义建设,机遇前所未有,挑战也前所未有。社会主要矛盾发生变化,人民群众对于美好生活的诉求,对党领导社会福利事业提出更高要求,“四个全面”战略使得党总揽全局、协调各方的核心领导作用更加彰显,社区基层党建和党群服务功能成为党领导的重要工作。

总的分析来看,党领导社会随着时代要求不断调整和完善。市场经济党领导社会的空间日益缩小,党对社会不再无所不包、无所不能。新时代对党领导社会提出更高要求,党的领导越来越重视扎根社会,对于社会利益表达和力量整合功能发挥核心作用,促进社会和谐与发展。具体党领导的社会福利事业,改革开放以后,党更加注重关注各个群体的福利诉求,制定合理的社会政策维护人民群众社会福利利益,同时推进社会福利事业社会化转型。中国特色社会主义进入新时代,党领导社会更着重于基层社会党建和服务,重视调动各方积极性,形成多元主体共享共建社会福利事业的局面。

二、党整合社会

党领导社会的问题,又是党整合社会的问题,包括两个方面:一是党发挥社会的核心作用,成为整个社会的核心,社会以党的领导进行组织和活动;二是社会得益于党的组织和整合,凝聚成为有机的整体。党对社会的整合与国家对社会的整合,具有很大区别,不同于国家对社会的整合,具有机械性,党整合社会并非通过规范和制度,而是通过信念、信仰和政治影响力对社会进行有机性整合,具有深度的组织性。党整合社会,不仅是对人力的机械整合,更是对人心的有机整合。人力与人心的二维整合,为党发挥领导核心作用奠定稳固的社会基础。这反过来对党的领导核心作用的发挥意义重大,就从根本上筑牢党的执政基础,巩固党的政治领导地位。

党整合社会,经历了改革前后两个不同阶段。中国共产党领导成立中华人民共和国、建立社会主义制度的过程,就是加强党员的发展和党组织的建设、不断完善党组织与社会整合体系的过程。中华人民共和国成立初期,中国共产党第一次全国组织工作会议召开,刘少奇就在会上强调指出:"我们党现在共有五百八十万党员。……所有这些党员,在全国各方面建立了约二十五万个基层组织——支部。从这些情形可以看出:我们的党不只在上层,在各方面领导着我们的国家和各种事业;而且在下层,在各种工厂中、矿山中、农村中、机关和学校中、部队的连队中密切地联系着广大的人民群众,和人民群众打成一片,建立了血肉相连的关系,因而使我们党具有充分广大的群众性。一方面,我们党在思想上和政治上的正确领导;另一方面,我们党又在组织上密切地联系着全国广大的人民群众。这就是我们党具有无穷的不可战胜的力量的源泉。"①由此不难看出,中华人民共和国成立初期,党整合社会的主要方式借助于组织整合,是一种建立在完备的党组织体系与有效组织动员基础上的工作体系。这种组织整合,通过党的组织网络与党的组织领导对社会进行整合,整个社会呈现高度组织化状况。从历史的眼光来看,组织整合符合计划经

① 《建国以来重要文献选编》(第2册),中央文献出版社1992年版,第147—148页。

济体制的要求，适应单位化的社会结构。在一定历史条件下，组织整合成功地将曾经一盘散沙似的旧中国，奇迹般的凝聚成团结统一的新中国，整个社会政治动员高效有力，确保了党的统一领导和社会有序改造。但党的组织整合又是以党和社会高度组织化为条件的。首先是党自身的组织体系，必须健全而且具有战斗力；其次是社会的高度组织化，社会组织单位化，整个社会流动性不强，党的组织通过控制单位，就可以较好实现对社会的控制。

社会主义市场经济体制改革对经济生活和社会生活都带来冲击，党的组织整合面临挑战：一方面，传统的组织和控制格局发生松动，社会流动性增强，户籍管理等行政化的社会管理体制受到全面冲击；另一方面，一些新的经济组织和新的社会组织产生，党的组织网络还没能实现有效覆盖。面对市场经济体制改革的冲击，党运用原有的组织整合模式，已经难以适应社会发展的形势，强行控制社会只会牺牲社会活力。党顺应形势对整合社会的方式进行调整，已经势在必行。

在社会主义市场经济条件下，尽管党整合社会的方式不得不改变，但是党整合社会的根本目的并未改变，它既要实现党对社会的有效领导，又要巩固和扩大党领导的社会基础。传统的党领导资源受到影响，党不得不调整政治整合方式，主动地开发政治资源，继续发挥党的领导作用。党逐步开发政治资源优势，使党对社会整合的模式从组织整合发展到政治整合。政治整合并非抛弃组织整合，而是继续完善组织整合的功能，发挥组织整合对于政治整合的基础作用。当然，政治整合并非组织整合的简单重复，而是从党的政治优势出发去整合社会，这些政治优势包括阶级性、先进性、代表性和领导性等方方面面。通过对政治优势的充分发掘，党在组织整合的基础上创新政治整合方式，进一步发挥"统揽全局，协调各方"的领导核心作用，夯实和扩大了党的社会基础。①

中国特色社会主义进入新时代，党的领导方式从组织整合，发展到组织整合与政治整合并举的特点更加鲜明，这一历史逻辑和实践逻辑同样在党领导的社会福利事业领域得到具体体现。市场经济体制改革之前，党领导社会福利事业主要依托单位制和高度组织化的社会体制；市场经济体制改革之后，党

① 林尚立：《党、国家与社会：党实现领导核心作用的政治学思考》，《中共天津市委党校学报》2001年第1期。

领导社会福利事业的方式面临新的挑战,必须更多发挥党的政治优势;进入新时代,党在继续巩固组织整合的基础上,更加注重发挥党在社会福利事业建设中“统揽全局,协调各方”的领导核心作用。

三、党依托社会

党既领导社会,又依托社会。东西南北中,工农商学兵,党是领导一切的。党的领导是历史和人民的选择,既基于社会主义革命和建设拥有的威望,又基于广泛的人民群众认同和扎实社会基础。党必须全面赢得群众的认同和支持,才能拥有领导的社会基础;党必须有效整合、动员和服务社会,才能赢得群众,才能巩固领导的社会基础。

党依托社会就必须敏感捕捉和回应社会变化。改革开放以来,特别是进入中国特色社会主义新时代,中国社会发生深刻变化,社会组织从依赖走向更加自主,社会结构从单一走向更加多元。党领导社会方式方法,必须回应社会的自主和多元新变化,创新党领导的体制、组织和手段,提高党动员、整合和服务社会的积极效果。为此,适应相对自主的社会新格局,党对社会的领导,必须从领导理念、组织体制机制、组织功能和活动方式等进行创新定位。党通过回应社会的变化和诉求,创新动员、整合和服务的路径、方式,才能密切党与社会的关系,巩固党对社会的领导基础和执政基础,从而主导社会发展的方向。

社会新变化改变着党领导活动的社会基础。基于社会基础的新变化,党对社会的领导,也越来越受到社会的制约。党对社会的领导和依托,决定党只有开拓组织空间,对社会形成强大的主导优势,才能巩固总揽全局、协调各方的领导地位。经济体制改变深刻改变中国社会组织、社会结构以及人民群众的生活方式,社会获得相对独立的发育和成长,社区在党的领导和国家政治与社会生活中,拥有更加重要的价值。这就是党的领导创新和完善其组织体系,从传统的依赖单位制为基础的组织结构,发展为单位和社区并行的组织结果,形成社区为中心兼顾单位的党群组织格局。这样,党就能够不断夯实社会基础,开拓组织空间,提高党的社会影响力,增强领导的阶级基础和群众基础,获得更丰富的领导资源和社会支持。

党领导和依托社会，要求党关怀并参与社会。党对社会的关怀，就是要求党坚持人民为本的理念，关心人民群众疾苦，切实保障和改善民生，加强社会福利事业建设。社会福利事业关系民生、连着民心，是社会建设的兜底性、基础性工作，也是党领导的重要领域全心全意为人民服务，以最广大人民的根本利益为最高标准，这是党的基本宗旨。党参与社会，就是党领导社会的同时，积极加强跟社会的沟通和联系。任何一个政党执掌政权，都必须具有稳固的基础。改革开放之前，中国共产党跟社会联系，是借助于单位制而形成的，党通过单位制的组织系统发挥联系和巩固基础的作用。改革开放之后，特别是中国特色社会主义进入新时代，相当一部分原有的集政、经、社一体的单位组织解体，单位人逐渐转变为社会人。在新的时代背景下，党关怀并参与社会方式方法必须改变，否则，党与社会的距离会越来越大，难以对社会发挥有效领导作用。这就要求党适应形势发展的要求，在继续巩固单位制组织的基础上，拓展社区制的组织结构，这对于提高党有效领导社会的能力，具有长远战略意义。

党领导和依托社会，要求激活党的基层组织。党的活力和战斗力离不开党的干部和党员。干部和党员发挥作用，需要正确的路线方针引导，需要教育和培训，这些都依靠党的基层组织建设。中国共产党有效领导中国社会，有效整合中国社会，基层组织都发挥重要作用，新时代加强党的领导，更要依靠党的基层组织建设。如前所述，单位制弱化对党的基层组织造成一定冲击，即便现存的单位内，基层组织的作用也有所弱化。如何拓展和激活党的基层组织，成为改革开放以来党领导能力建设的重要课题。实践经验表明，一方面，必须落实党的组织建设和制度建设，真正落实党要管党、从严治党的原则，基层组织发挥好动员党员、团结党员、激励党员的组织力量；另一方面创新和丰富基层组织的社会功能，让基层组织在服务社会的过程中加强社会联系，着重突出基层组织服务社会的功能，巩固社会对党的支持基础。

四、党服务社会

党领导社会又依托社会，党积极服务社会才能赢得社会，才能获得稳固的社会基础。根据市场经济体制改革要求和新时代社会主要矛盾变化等各时期的实践要求,党领导社会和依托社会采取系列创新举措,更加重视服务人民群众,积极回应民生和福利事业诉求。

党领导社会和服务社会的工作重心与重要任务,集中表现在党加强基层组织建设,提高服务基层群众的水平。党的基层组织是党联系社会,构建社会基础的主要载体。党领导社会除了纲领和主张得到社会拥护,还需要通过基层实实在在的服务赢得认同。党对这一点已有清醒认识,党的十六大报告要求切实做好基层党建工作,发挥基层组织服务功能。党的十七大报告要求充分发挥基层党组织推动发展、服务群众、凝聚人心、促进和谐的作用。十七届四中全会明确提出,党的组织和党的工作要实现全覆盖,党的十八大报告要求加强基层服务型党组织建设。① 党的十九大报告进一步强调,党的基层组织是确保党的路线、方针、政策和决策部署贯彻落实的基础,基层社区组织又是党服务群众联系群众的神经末梢。“社区是党委和政府联系群众、服务群众的神经末梢,要及时感知社区居民的操心事、烦心事、揪心事,一件一件加以解决。老百姓心里有杆秤。我们把老百姓放在心中,老百姓才会把我们放在心中。”②

基层党组织的重点工作是“服务群众”。有的基层组织和机关还程度不同存在以“管控群众”代替“服务群众”,偏离了基层组织的主要任务。党的基层组织必须回归到服务的重心,“要从最困难的群体入手,从最突出的问题着眼,从最具体的工作抓起,通堵点、疏痛点、消盲点,全面解决好同老百姓生活息息相关的教育、就业、社保、医疗、住房、环保、社会治安等问题,集中全力做好普惠性、基础性、兜底性民生建设。要着力抓好安全生产、食品药品安全、防范重特大自然灾害、维护社会稳定工作,不断增强人民群众获得感、幸福感、安全感”。③ 党以服务赢得群众,以服务巩固认同,关心好人民的社会福利事业,通过树立党在人民群众中的威望,进一步发挥党对社会的领导核心作用。

总之,党领导社会又整合社会、党依托社会又服务社会,党与社会立体而

---

① 强舸:《“政党—社会”关系变迁与国家治理能力现代化》,《岭南学刊》2017 年第 5 期。

② 《习近平关于“不忘初心、牢记使命”论述摘编》,中央文献出版社党建读物出版社 2019 年版,第 142 页。

③ 《习近平关于“不忘初心、牢记使命”论述摘编》,中央文献出版社党建读物出版社 2019 年版,第 144 页。

生动的互动关系，为研究党的领导提供了理论基础和方法论指导。党的领导理论和整合理论为分析各个历史时期党发挥核心领导作用，动员和整合社会力量推进社会福利事业提供了理论基础，也为实证研究提供了理论指导。党领导的社会福利事业，既是党为人民谋福利，加强对社会福利事业领导的过程，又是党依托社会，夯实执政的社会基础的过程，党既是领导，也是服务，党领导社会福利事业既有连贯性又具有阶段特点。

党与社会互动的分析框架，对分析党的社会福利事业发展提供理论基础。党始终坚持为人民谋福利的宗旨，重视党对社会福利事业的领导，本书拟在"党领导社会"的理论指导，总结站起来、富起来到强起来的历史阶段，党如何初心不改，不断加强社会福利事业领导的经验。党在领导社会的同时，注重整合社会，党依托社会又服务社会，这种多维关系既有共性，又在各个历史阶段有所侧重。站起来的历史阶段，新生政权的建设的巩固是核心工作，党整合社会"抓革命、促生产"两手抓，本书针对该阶段的研究，突出总结党如何整合资源包办社会福利事业的经验；富起来的历史阶段，党以"经济建设为中心"，大力推进改革开放，党依托社会夯实执政的社会基础，本书针对该阶段的研究，突出总结党如何推进社会福利事业社会化，积极利用多元力量发展社会福利事业的经验；强起来的阶段，党积极回应"人民对美好生活的向往"，社会福利事业供养机构和社区福利服务并举，服务居民福利需求，本书针对该阶段的研究，突出总结党创新基层党建引领社区福利服务的经验。

党与社会互动的分析框架，还对分析党的社会福利事业发展提供方法论启示。党领导社会又依托社会，党整合社会又服务社会，党领导社会并非一成不变，充分体现党领导社会福利事业的辩证法。这启示本书坚持历史唯物主义立场，注重调查研究的方法，注重分析史料和个案分析，真正把握各个历史阶段党领导社会福利事业的统一性，又注意分析不同历史阶段党领导社会福利事业的独有特色和方式方法。

第三章　中华人民共和国成立以来党领导社会福利事业的历史演进

中华人民共和国成立以来，党领导中国人民从站起来、富起来到强起来的发展，人民群众民生从温饱、小康到美好生活向往，伴随人民群众更高水平和更多层次的福利要求，党和政府社会福利事业不断发展。在站起来、富起来到强起来的不同历史阶段，党领导的福利事业在供给主体和服务方式等方面都存在差异，但是始终坚持为人民服务的宗旨，各个历史阶段都取得了一定建设成效，为党领导的社会福利事业持续发展打下了基础。

第一节　站起来时期的社会福利事业

站起来的历史阶段，是党领导社会福利事业创建期时期。中华人民共和国成立初期，民生凋敝、国民经济几近崩溃，中国共产党经过根据地福利建设实践，深谙人民群众福利需求，深刻认识到只有解决社会问题、协调各方利益关系，才能真正巩固新生政权、维持社会稳定。随着党的社会主义探索道路曲折前行，党领导的社会福利事业也在挫折中继续发展。这一阶段建立起国家包干型社会福利事业，城市与农村的社会福利在制度、标准、管理等方面都互相分开，社会福利体系表现为二元城乡结构，这一时期社会福利事业以社会救济为主要特征。

一、城镇社会福利事业的创建

1945 年，党的七大修改的《中国共产党党章》提出为人民服务的基本要求。“中国共产党人必须具有全心全意为中国人民服务的精神，必须与工人群众、农民群众及其他革命人民建立广泛的联系，并经常注意巩固与扩大这种联系。每一个党员都必须理解党的利益与人民利益的一致性，对党负责与对人民负责的一致性。每一个党员都必须用心倾听人民群众的呼声和了解他们的需要，并帮助他们组织起来，为实现他们的需要而斗争。”①全心全意为人民服务不仅仅是党的根本宗旨，更是党在解决人民群众各种福利需要时始终践行的根本原则。

中华人民共和国成立初期，社会救济福利事业主要是维护社会稳定和保证经济安全，还没有建立完整的体系。在党对福利事业进行整顿与改造的历史阶段，救济工作的对象没有相对正式的标准，多为对散兵、游民、娼妓、无业游民及国民党旧有的社会慈善团体等的改造，还有禁烟、禁毒、疏散遣送与救济流民、贫民等。在党的领导下，福利机构的建设开始起步，全国各地逐步建立各种救济福利事业单位，同时还建立了一些生产教养院。与此同时，1950—1956 年，各领域福利会纷纷成立，有面向困难群众的中国人民救济总会，有面向困难儿童的中国福利会，还有救助残疾群众的中国盲人福利会和中国聋哑人福利会，这些全国性的民间社会福利团体在组织救灾救济活动方面起到了很大作用，是中华人民共和国社会福利工作组织体系的重要组成部分。除此之外，各种“教养院”“救济院”“慈善堂”“寡妇堂”等由国民党举办和接受国外津贴的机构，也同时期接受了整顿与改造。为清楚地解决旧有福利团体存在的一系列问题，1953 年，全国第三次城市社会救济工作会议作出了指示，对待旧有福利团体的处理原则为：取消名存实亡的旧有团体，除必须用于救济福利事业者，救济分会原则上不参与房屋管理。

中华人民共和国成立初期，共计有 400 多万失业人员需要安置和救助，失

---

① 中共中央党校党章研究课题组：《中国共产党章程编介(从一大到十七大)》，党建读物出版社 2008 年版。

业问题特别严重。当时陈云主管中央劳动就业相关的工作,他十分重视大城市的失业问题,提出重视失业预防,认为这是解决失业问题的重要环节。他指出,对于失业工人要全部给予救济,不要造成社会骚乱。强调救济的对象除了工人,还包括资方的家属。职工退休制也是由陈云提出的,对于退休制,他的看法是:“退休办法符合国际情况,也符合中国的实际。中国人多,老的不退,年轻的就进不来。”①

为维护国家的安全与稳定,党实行把国民党旧军政人员包下来的政策。陈云高度赞同并坚决执行此政策,他认为,只是把这些人简单地遣送回家,他们一旦没饭吃,便很可能去走不正当的路。而如果违法犯罪,到时肯定会造成地方的不安,最终导致害了人民,党也会受到民意责备。陈云高度重视失业问题,他指出:“有些工厂可扶可倒,我们就要力求把它扶起,使它不要倒。有人说:‘倒就倒吧,迟倒不如早倒’,这是不负责任的态度。对于工人来说,在业无论如何苦,总比失业好。”②

在党的领导下,社会救助政策制定初期就将生产自救作为基本原则,“各地失业工人救济处应协同当地工会组织,根据工商业情况以及人民的生活需要,拟定生产自救办法,并根据自愿原则,组织失业工人举办”。③ 这是1950年《救济失业工人暂行办法》中做出的明确规定,体现了劳动部对生产自救这一原则的重视。对灾民“单靠救济是不能解决问题的,而主要的要靠领导和组织灾民努力自救。”④1950年颁布《救济失业工人暂行办法》并作出《关于救济失业工人的指示》,对于救济水平和范围作了规定,失业工人救济委员会等组织开始建立。1951年政务院批准北京会议上出台的两份报告,一份是《关于旧有社会救济福利团体的团结改造问题》的报告;另一份是《关于城市救济福利工作报告》,后一份报告提出了社会救济福利工作的方针与任务,要求扩大救济福利界的统一战线,只要愿为救济福利事业服务的个人和团体,都要进行团结,同时动员贫民生产自救,对部分丧失劳动能力的特

---

① 朱佳木主编:《陈云年谱》(上卷),中央文献出版社2000年版,第403页。

② 陈云:《陈云文选》(第3卷),人民出版社2000年版,第200—201页。

③ 中国社会科学院、中央档案馆:《1949—1952中华人民共和国经济档案资料选编劳动工资和职工福利卷》,中国社会科学出版社1994年版。

④ 《白山·救灾记》,《人民日报》1949年11月10日第6版。

殊困难群众进行基本救济，加强救济福利工作人员的教育，包括政治教育和业务教育。① 落实具体方针和任务要求，中华人民共和国社会福利事业成效比较明显。1953年底，全国共有920个城市社会救济福利事业单位，44.6万贫民和游民得到收容改造，城市共有150万人受到救济，共有37.4万孤老与孤儿和精神病患者被妥善收容，共有96个城市约22万人参加生产自救，对419处旧的慈善机构进行了改造，整顿了1600多个救济福利团体。② 1954年的《中华人民共和国宪法》，明确保障公民的社会权益。政务院专门举办成立了如社会福利院、儿童福利院等福利机构，保障城市中的老弱病残等弱势群体的基本生活。

党在福利事业改造初期，收容对象并不明确。城市救济福利单位对于救济和改造的对象没有进行明确的划分，在某些生产教养院里问题更为突出，收容范围过大，收容对象身份混杂，既包括失业职工、流入城市的农民、烈军属、精神病人等，又包括地主恶霸、反革命分子、敌伪特务和小偷等，使得组织管理非常混乱，违法乱纪事件频出。针对诸多不良现象，第二次全国民政会议决议指出："关于城市救济工作，对无依无靠、无法维持生活的残老孤幼和贫民以及游民等，应根据必要和可能按其有无劳动力分别予以教养、救济或劳动改造，对一切有劳动力的人，应设法使其在城市或去农村参加劳动，使其能自食其力。必须纠正那些想把城市所有贫民、游民等一下子包下来，都施以救济的错误观点。"③在第二次全国民政会议和第三次全国城市救济工作会议所作规定的指导下，党领导各地民政部门对当地的福利机构进行了不同程度的整顿，通过领养、遣送、帮助就业等方法处理相应人员，对部分福利机构调整后进行合并，基本上解决了各机构错收、乱收救助对象的问题。

从社会主义改造完成到改革开放期间，党领导的社会福利事业继续发展。党的第八次全国代表大会对国内主要矛盾进行了清醒界定，指出国内的主要矛盾是"人民对于经济文化迅速发展的需要同当前经济文化不能满足人民需

① 中华人民共和国民政部大事记编委会编：《中华人民共和国民政部大事记（1949—1986）》，中国社会出版社2004年版，第33页。

② 王子今、刘悦斌、常宗虎：《中国社会福利史》，武汉大学出版社2013年版，第277页。

③ 中央人民政府法制委员会编：《中央人民政府法令汇编（1954年1月—9月）》，法律出版社1982年版。

要的状况之间的矛盾”,与主要矛盾相适应,主要任务就是集中力量保护和发展生产力。怎样处理“当前社会的主要矛盾”并使人民的生活水平得到提高,成为党的八大所关注的重要问题。这一时期的党虽然遭受阶级斗争扩大化的挫折,但是社会福利事业在党的领导下总体保持发展势头,在福利项目和福利覆盖面上不断扩大。内务部作为共产党领导下的社会福利事业的执行机关,无论是在工作内容上还是在政策发布上,都体现了共产党为人民谋福利的宗旨。由于实行城乡有别的户籍制度,城市与农村的社会福利事业发展存在不平衡的情况。

对于城镇部分有劳动能力的老弱病残群体,党制定“统筹兼顾,适当安排”的福利建设方针。为实现这一目标,党积极组织福利生产。福利生产最初形式是救灾工作中的生产自救与游民工作改造中的就业与安置,后来逐渐发展为社会福利生产。1956 年末,“社会福利生产”的概念第一次在残老教养、烈军属贫民生产工作座谈会上被内务部正式提出。1957 年 1 月,内务部、财政部以及中国人民银行联合发布社会福利生产相关政策,《关于城市烈属、军属和贫民生产单位的税收减免和贷款扶助问题的通知》出台,显示出党和政府正式认同了社会福利生产,并支持其全国推行。由于在社会福利生产单位中工作的人员以孤老残废与家庭妇女为大多数,只有具备部分劳动能力,生产效率比较低,经营上存在很多的困难,因此需要各方面给予扶助,保证福利生产单位巩固和发展。1959 年,内务部与国家计委联合出台了《关于社会福利生产统一纳入地方计划的通知》,积极促进社会福利生产的发展,一度认为搞福利是民政部门的主要任务。第五次全国民政会议将那些以安置残疾人就业为主的生产单位,也划归保障性的社会福利生产单位,会议具体安排 1959 年下半年的民政工作,明确要求办好社会福利事业,发展社会福利生产。总体来说,这一阶段城市社会福利事业的发展速度比较迅猛。1958 年第四次全国民政会议的召开,使得各地举办福利事业机构的经验得到了传播,如怎样兴办残疾人习艺所、贫民疗养院、退休人员公寓等福利机构,在诸多经验得到推广之后,全国范围内有很多专门的孤老残幼社会福利事业单位渐渐兴办起来。次年的湖北现场会议总结认为:“各省、自治区、直辖市民政部门应根据当地实际情况和可能条件,以精神病人较多的县、市或专区为单位或几个县联合建立新的或扩充原有的精神病人疗养院，协同卫生部门把这项任务担当起来”。“在市、专区所在地或较大的县重点设立儿童福利院，分片负责附近地区的收容工作。”之后，第六次全国民政会议进一步强调：“要办好已有的社会福利事业，并且应该根据需要和可能适当地发展。”这一时期社会上存在的孤儿和流浪儿童数量较多，面对这种情形，1963 年全国民政厅局长会议规定：“省、专区和大中城市民政部门应该办好儿童教养院，作为收容教育流浪儿童的场所。”

与此同时，我国各地的社会福利机构如养老院、精神病人疗养院、残疾儿童福利院等也在不停地进行建设的过程中，城市社会福利事业有了较大的发展。到 1963 年，全国城市社会福利事业单位大量增加，社会福利院 489 个，儿童福利机构 732 个，养老院 237 个，精神病人福利院 202 个；收养人员 124 321 人，其中儿童 52 865 人，老人 43 510，残疾人 27 946 人；福利生产单位 1 371 个，安置残疾职工 9 606 人，年产值达到 14 004 万元。另据 1962 年的数字，当时全国还有城乡敬老院 35 215 个，收养老人 563 254 人。这些福利事业单位的建立，较好回应了保障对象的福利需求。

1966—1976 年，社会福利事业不同程度遭受了冲击。同时社会福利事业还存在不均衡的情况：一是福利单位分布不均衡，有的地方比如上海、浙江、北京等地福利事业单位数量相对较少，而湖北、河南等地福利事业单位数量相对较多。二是不同社会福利事业单位增加的数量不均衡，较多增建精神病人疗养院、收养灾荒流浪儿童的福利院，养老院增减相对较少。三是城乡福利事业建设不均衡，农村福利项目相对城市来说，数量更少、水平更低。

二、农村社会福利事业的创建

中华人民共和国成立后几年间，自然灾害频发，且均为严重的水、旱、风暴等全国性灾害。党高度关注防灾救灾。党《关于生产救灾的指示》提出了“生产自救、节约度荒、群众互助，以工代赈”的救灾方针，还要求做到“不要饿死一人”。在党的领导下，全国各地纷纷建立了生产救灾委员会，向灾情严重地区的灾民们发放救助物资，帮助他们应对困境。

中华人民共和国成立初期全国农村贫困人口多达 4 000 万人，缺粮的人口就有800万之多。[①] 此时国民经济恢复任务繁重,国家财力不足以满足全部人口的需求,因此生活极度贫困的孤老残幼和烈军属成了当时救济工作的重点对象。根据1953年出台的《农村灾荒救济粮款发放使用办法》规定,内务部认定的一等救济户主要是无依无靠、无劳动能力的孤老残幼。财力缺乏使得救济物资范围仅限于生活必需品,如口粮、衣被等,而且规定每月的救济口粮每人最大限度领到17.5千克,接受救济的时间不能多于四个半月。同时党积极动员社会各界力量参与捐粮捐款活动。

1956年底,我国基本完成社会主义三大改造,随着农业高级社的产生和发展,农村集体经济制度逐步确立,农村的社会福利框架也在此基础上发生变化。这一时期农村社会福利的显著特征是以集体保障为主,在原本救济制度内容的基础上,加入了"五保"供养制度。第一届全国人民代表大会第三次会议通过《高级农业生产合作社示范章程》,章程明确规定:"农业生产合作社,对于缺乏劳动能力或者完全丧失劳动能力、生活没有依靠的老、弱、孤、寡、残疾的社员,在生产和生活上给予适当的安排和照顾,保证他们的吃、穿和柴火的供应,保证年幼的受到教育和年老的死后安葬,使他们生养死葬都有依靠。"[②] 吃、穿、住、医、葬构成五保制度的核心内容,五保制度针对的人群是农村无依无靠、无生活来源、无劳动能力的老人、残疾人与孤儿。保障水平以当地一般群众的实际生活水平为基准,采取集体供养、分散供养、亲友供养和义务供养等供养方式。"五保"制度从此成为中国共产党在农村实行的一项重要福利供养制度。

为缓解部分老年人无人照料的窘境,一些地方开始将开办敬老院提上日程。1958年8月,毛泽东还视察了河南省新乡县七里营人民公社举办的敬老院。同年12月《关于人民公社若干问题的决议》在党的八届六中全会通过,文件中指明"要办好敬老院,为那些无子女依靠的老年人(五保户)提供一个较好的生活场所"。[③] 随后,敬老院开始在各地逐步兴建。1964年第二届全国人大

① 当代中国丛书编辑委员会:《当代中国的民政(下)》,当代中国出版社1994年版,第84页。

② 中共中央文献研究室:《建国以来重要文献选编》(第8册),中央文献出版社1994年版,第422—423页。

③ 高中华:《中国共产党的社会保障观:发展与演变》,《人民论坛·学术前沿》2017年第1期。

通过的《1956—1967 年全国农业发展纲要》，要求农业合作社对那些无法劳动又没有依靠的鳏寡孤独，必须做到“保吃、保穿、保烧(燃料)、保教(儿童和少年)、保葬，使他们的生养死葬都有指靠”。① 此后，“五保”制度又加入了“保住”“保医”等福利项目。生产大队成为安置五保对象的基本生产单位，一般保障五保对象的生活水平不低于当地群众。五保对象如果具有起码的劳动能力，在适当分工的条件下，生产大队会让他们做一些力所能及的生产劳动，如看院子、饲养家畜等；如果五保对象已经完全无法参与劳动生产，生产大队则会以全社每人一年内的劳动时间为标准，给予五保户相应补助，使他们与其余社员共同参与分配。除此之外，生产大队会按五保条款内容中的明确规定，计算出标准的吃穿用等所需款物数，从公益金中分给补助的款物。对于缺乏生活照料又不能自理的老弱病残者，生产大队则安排专人对其进行照顾。对那些确实难以负担五保对象供养的社队，则由国家出面给予相应补助。1963 年 3 月召开的全国民政和人事局长会议通过的《认真贯彻执行农村人民公社工作条例，进一步做好农村社会救济工作》的文件，要求做好贫困人民的救助工作，保障贫困人民的基本生活。

农村社会福利事业总体水平比较低，又难免遭受十年内乱的影响，但是由于集体经济的支撑，农村“五保”等福利项目继续运行，对于困难农民起到了一定救济作用。

三、站起来时期社会福利事业成效

这一阶段对旧社会遗留下来的宗教慈善组织和福利机构进行接收改造，建立社会福利事业管理体制，成立新的福利机构，保障社会福利事业的财政支持，具有中国特色的民政福利初步创建。

(一) 社会福利事业管理体制奠定基础

1949 年 11 月 7 日，中央人民政府成立内务部负责军人优抚和民生救济等

① 高中华：《中国共产党的社会保障观：发展与演变》，《人民论坛・学术前沿》2017 年第 1 期。

工作,时任部长为谢觉哉。6年后内务部改由国务院领导,其下设干部司、民政司、社会司、地政司、优抚司等,主管社会福利的职能属于社会司。站起来时期社会福利和社会救济结合在一起,统称救济福利事业,其主要目标是贯彻社会主义建设总路线,为救灾救济和发展生产服务。当时救济福利事业保障对象,主要是逐步救助无家可归、无依无靠、无生活来源的老年人、特殊家庭儿童和残疾人。内务部1968年被撤销,负责的相关业务分解到财政部、公安部、国家计委等有关部门。1966—1976年间,兴建的福利院和福利工厂也大量关闭,社会福利事业在曲折中艰难发展。站起来时期初步形成的社会福利事业管理体制,为改革开放初期社会福利事业恢复奠定了体制基础。

(二)以救济为主的收养机构数量总体增多

通过以救济为主的优抚类收养单位、福利类收养单位、救助类收养单位统计分析,可以对党的社会福利事业创建阶段成就具有更为直观的认知。表3-1分别选取3个时间节点,反映站起来时期城镇社会福利事业的机构数量、工作人员数量和经费变化与收养人数情况。这一时期由于民政部门业务范围存在变化,各项统计数据的范围、意义、统计方法并非一致,本书对统计数量给予保留并加以说明。

表3-1　站起来时期全国优抚休(疗)养院、光荣院发展状况

项目 数量	伤残军人休养院			复退军人病休院			复退军人精神病院			烈属养老院		
	1953	1962	1978	1953	1962	1978	1953	1962	1978	1953	1962	1978
单位	34	21	21	/	340	30	/	/	37	/	1 011	467
职工	4 095	1 646	1 881	/	2 574	2 006	/	/	2 937	/	2 201	1 689
服务对象	9 735	4 013	2 505	/	7 154	2 948	/	/	4 184	/	18 457	7 436

数据来源与说明:以上数据来源于民政统计材料,参见民政部计划财务司:《民政统计历年资料汇编(1949—1992)》,中国民政统计年鉴编辑部,1993年,第120—178页。优抚休(疗)养院主要解决缺乏家庭照料的革命伤残军人病疗修养,光荣院主要解决优抚对象中孤老的晚年安度。革命伤残军人休养院的前身是革命伤残军人教养院,光荣院的前身是烈军属养老院。由于统计口径差异或部分年份数据缺失,表中数据选取1953年、1962年、1978年数据相对齐全的3个年份,进行统计分析。

通过对表3-1数据分析可见站起来时期福利优抚事业的发展特点。1953—1978年的26年间,革命伤残军人休养院和复退军人慢性病疗养院的机构数量、收养人员和职工人数都有明显下降，1978年复退军人慢性病疗养院数量不足1962年的1/10，服务对象人数也缩减了一半，光荣院也发生差不多变化。这一方面由于革命战争年代慢慢远去，收养对象减少的时代变迁，也反映出优抚类收养单位在内乱中的曲折发展。

由表3-2数据分析可见，1959—1963年由于我国一大批社会收养事业单位新建，并在1958年后更名为各类福利院，所以这一阶段的城市社会福利事业的单位数量大幅增加，阶段性峰值出现在1962年，接近1959年的3倍，机构收养人员数和职工人数相对稳定。

表3-2　站起来时期全国城市社会福利事业单位基本情况(数量单位：个)

项目 年份	单位数	职工数	收养人数	单位类型	收养类型
1959	619	/	105 099	老人院、儿童院、精神病院	/
1960	864	/	119 396	社会福利院、养老院、残老教养院、婴幼儿童福利院、精神病疗养院	老人、青壮年残疾、少儿、婴幼儿、顽劣儿童、残疾儿童、精神病人
1961	1 115	/	112 237	社会福利院、养老院、敬老院、儿童福利院、婴幼院、精神病院	老人、残疾青年、少儿、婴幼儿、残疾儿童、精神病人
1962	1 708	17 550	136 385	社会福利院、养老院、儿童福利院、婴幼院、儿童教养院、精神病疗养院	老人、青壮年残疾、健全婴幼儿、残疾婴幼儿、健全少年儿童、残疾少年儿童、流浪儿、精神病人
1963	1 660	17 019	124 321	社会福利院、养老院、儿童福利院、婴幼院、儿童教养院、精神病疗养院	老人、青壮年残疾、健全婴幼儿、残疾婴幼儿、健全少年儿童、残疾少年儿童、流浪儿、精神病人

数据来源与说明：以上数据来源于民政统计材料，参见民政部计划财务司：《民政统计历年资料汇编(1949—1992)》，中国民政统计年鉴编辑部，1993年，第200—208页。由于1963—1978年社会福利事业数据为空，表格仅对1959—1963年的数据进行统计。

站起来时期的社会福利事业单位主要有老人院、儿童院和精神病院等，保障对象包括老人、残疾人、缺乏家庭照料的健全少年儿童与婴幼儿、残疾少年儿童与婴幼儿、流浪儿童和精神病人等。根据服务对象的不同身体状况、不同特性、不同年龄段，这一阶段的收养事业单位划分不同分类，还对城市流浪乞讨人员进行收容安置和遣送，党领导社会福利事业机构分类更加细化，对维护社会稳定起到重要作用。

(三) 财政支出总量呈递增趋势

站起来的历史时期，社会救济和社会福利在管理体制上没有严格区分，在财政支出方面捆绑在一起(参见表 3 - 3)。但是从支出总量来看，不难发现，我国社会救济福利费用的财政支出总量呈递增趋势，努力保障社会福利事业创建的经费需要。毕竟党领导中国人民刚刚站起来，中华人民共和国百废待兴，经济落后，国家财政能力有限。虽然社会福利事业的创建阶段，跟同期国家财政支出相比，社会救济福利费占财政支出的比重并没有明显的提高，总体上也都在 2%以下，但是考虑到落后的国情条件下财政常常捉襟见肘，已属十分不易。

表 3 - 3　站起来时期社会救济福利费用财政支出情况

年　份	社会救济福利费(亿元)	国家财政支出(亿元)	社会救济福利占财政支出的比重(%)
1952	0.66	172.07	0.38
1953	0.77	219.21	0.35
1954	1.08	244.11	0.44
1955	1.25	262.73	0.48
1956	1.61	298.52	0.54
1957	1.36	295.95	0.46
1958	1.15	400.36	0.25
1959	1.17	543.17	0.22
1960	2.15	643.68	0.33
1961	2.44	356.09	0.69
1962	2.39	294.88	0.81
1963	2.80	332.0	0.84
1964	2.87	393.79	0.73
1965	2.92	459.97	0.63

续　表

年　份	社会救济福利费（亿元）	国家财政支出（亿元）	社会救济福利占财政支出的比重(%)
1966	3.19	537.65	0.59
1967	2.91	439.84	0.66
1968	/	357.84	/
1969	/	525.86	/
1970	3.86	649.41	0.59
1971	2.69	732.17	0.37
1972	2.95	765.86	0.39
1973	3.29	808.78	0.41
1974	3.40	790.25	0.43
1975	3.47	820.88	0.42
1976	3.86	806.20	0.48
1977	3.98	843.53	0.47

资料来源：国家统计局国民经济综合统计司：《新中国五十五年统计资料汇编》，中国统计出版社2005年版，第18、26页。

第二节　富起来时期的社会福利事业

富起来历史阶段的社会福利事业，是党领导社会福利事业的改革与转型时期。1966—1976年间批判福利主义盛行，在极左路线支配下，内务部和各地福利管理与服务部门以及诸多福利事业单位被强行撤销。1966—1976年间的福利事业单位数量和收养人数都有所下降，部分老幼孤残甚至重新流浪街头，党领导的社会福利事业遭受了一定程度冲击。改革开放之后，党领导的福利事业工作拨乱反正，逐步恢复，并随着市场经济体制改革逐步转型发展。党的十一届三中全会表明党和国家的工作重心要转移到经济建设上来。1978年9月召开的第七次全国民政会议，时任民政部部长程子华所做的报告，提出了民政工作拨乱反正的主要任务与方针政策，明确民政部门的主要业务，主要仍是优抚安置、救灾救济和社会福利,同时完成党和政府交办的其他事项。[①] 此后,党领导的社会福利事业恢复发展,并很快超过了内乱之前的水平。这一时期内,党的十二大到党的十七大共召开了6次党代会,民生福利越来越受到重视。党的十二大提出新时期的总任务,主要是"逐步实现工业、农业、国防和科学技术现代化,把我国建设成为高度文明、高度民主的社会主义国家"。[②] 党的十三大提出经济建设"三步走"战略,其中第二步就是"到本世纪末,使国民生产总值再增长一倍,人民生活达到小康水平"[③]关系到民生福利,被看作是"当前工作的重中之重"。党的十四大提出社会主义的最终目标是"最终达到共同富裕"。党的十五大指出改革开放的根本目的在于提高人民生活水平,实现全国人民小康生活。[④] 党的十六大报告涉及项目最多,而且提出经济发展的根本目的,就是提高全国人民生活水平,为此后社会福利和民生事业进行重新定位奠定了指导思想。党的十七大提出中国特色社会主义建设事业总布局从"三位一体"拓展为"四位一体",党对于社会建设高度重视,党的全会专章阐述"以改善民生为重点的社会建设",党对社会福利的重视提高到新的高度。

一、城镇福利事业社会化转型

1979年11月,全国城市社会救济福利工作会议召开,党领导的社会福利事业全面恢复。会上黄庆熙副部长做了题为《在全党工作着重点转移的新形势下,努力做好城市社会救济福利工作》的报告,这次会议总结了中华人民共和国成立后社会福利工作的有益经验,纠正了工作中曾经出现的错误,确定了今后社会福利事业的发展方向以及其性质,并制定了新的发展方针,使之适应改革开放的要求。

在较长一段时期内,城市社会福利事业受到"以阶级斗争为纲"和极左路线的影响,社会福利事业单位受到干扰,对收养对象不加区分,都强调"以教为

① 谌金松:《历次全国民政会议回眸》,《中国民政》2012年第3期。
② 张静如:《中国共产党全国代表大会史》(第4册),万卷出版社2012年版,第74、138页。
③ 张静如:《中国共产党全国代表大会史》(第5册),万卷出版社2012年版,第71、196、320页。
④ 张静如:《中国共产党全国代表大会史》(第5册),万卷出版社2012年版,第71、196、320页。

主”,模糊了社会福利事业单位兴办的方向。这次城市社会救济福利工作会议,在总结中华人民共和国成立以来社会福利事业建设经验的基础上,提出福利事业单位是社会福利事业的一部分,本质属性是社会福利性质。依据这一判断,会议明确了收养对象的标准,并要求对各类收养对象进行分类,改进管理工作。

这一阶段需要救助的无家可归、无依无靠、无生活来源的三无困难人员数量变少,但社会上一些虽然有家却无亲人,或亲人无力照顾的孤老残幼的数量逐渐增多,对社会福利单位的服务能力提出了更多要求。然而,社会福利院在收养范围上长期执行单纯收养“三无对象”的规定,已不符合现实需要。党的十一届三中全会之后,全国城市救济福利工作会议提出要坚持解放思想,实事求是,破除单纯收养“三无对象”的条件,不断扩大收养范围,通过尝试自费收养业务,让双职工家庭的残疾人与退休孤老获得生活基本保障。这些政策和举措,很大程度上缓解了职工后顾之忧,有助于家属安心发展生产建设,有利于维护社会稳定。全国城市救济福利工作会议指出:“目前限于条件,可以优先照顾劳动模范,对国家有贡献的科技人员,长期在边疆积极从事野外工作的人员,现役军人等家中无人照管,生活不能自理的残疾人员,以及党政机关、人民团体、事业单位的退休人员。”会议要求各地民政部门在对“三无人员”做好公费供养的基础上,依据现有资源逐步地发展自费收养工作,由家庭或单位提供托养费用,福利院提供代管代养有偿服务。

1984 年召开的漳州会议开启了党领导的社会福利事业改革进程。这次会议总结交流了城市福利事业单位改革调整的经验。会议在总结各市改革经验教训的基础上,提出了“依靠社会力量,积极发展城市社会福利事业”的指导思想,表明社会福利事业借助于国家、集体、个人多方力量,并提出“四个转变”的发展战略与方向:一是要求全心全意为收养人员服务,剔除单纯的救济与恩赐观念。福利服务观念的转变是福利事业改革最为重要的关节,需要从加强福利服务岗位职工的职业道德,提升其责任与使命意识,加强职工群体的全面素质入手,并进一步提高社会福利事业的管理与服务水平,这也是本次社会福利事业单位的改革和整顿的主要任务。二是社会效益与经济效益并重,实现自我积累与发展。逐步引导福利事业单位社会效益与经济效益并重,经营性收入主要用于增加或改善福利设施,让福利需求者的生活水平得到相应的改善。三是摒弃单纯收养,实行供养与康复相结合。社会福利事业单位积极开展老弱病残幼的康复活动,摒弃过去单纯收养的做法,真正做到供养与康复相结合。四是积极开展社会服务活动,实施开放式的办院模式。鼓励社会福利事业单位服务功能多样化,扩展到集养老、育幼、安残以及康复、教育、娱乐于一体的多功能服务。

总而言之,中国共产党领导的社会福利事业在漳州会议以后开始了改革尝试,这一时期的城市社会福利事业也出现比较大的改进,一些福利事业单位还凭借自身的人力、物资以及技术支持等有利条件,为社区康复活动的展开提供了借鉴并给予一定的指导和支持。大多数社会福利事业单位实施了有偿服务的运营,开启了自费模式,收养了一些孤老残幼人员,减轻了很多家庭的负担。但鼓励福利事业单位追求社会效益与经济效益举头,也导致社会福利事业单位一度追求经济效益,过度市场化经营。

继漳州会议之后,党领导的社会福利改革事业继续向前推进。1989 年,民政部主持召开了全国社会福利事业单位深化改革工作座谈会——湘潭会议。会议上明确指出社会福利事业单位要努力增强活力,提高效益,进一步推动深化改革。

湘潭会议的主要议题,是分析当时城市社会福利事业的处境与所面临的形势。会议认为社会福利事业取得了一定的成就,但仍有待进一步完善。具体表现为"三个不适应":一是旧的封闭办院模式不适应新时期发展的要求;二是平均主义的分配状况不适应时代发展的要求;三是国家办的福利事业单位的人力、物力以及硬件设施不适应社会成员日益增长的福利需求。本次会议也提出了之后社会福利事业发展的指导思想,即不断推进深化改革,充分发挥福利事业的带头示范作用;社会福利继续坚持由社会来举办的原则不变,拓展多元化的社会福利事业举办主体,并在此基础上渐渐形成一套完善的社会福利事业体系。继续开展解决人民群众福利服务问题、增进群众团结的社区服务活动。同时进一步完善社会福利相关理论,并积极探索适合我国国情的社会福利制度与体制。

湘潭会议体现了党对社会福利事业改革发展的深入认识,会议中心议题在于提高社会福利事业单位的服务能力，主要体现在四个方面：一是改革管理体制，重点在于解决社会福利单位效益低下、机构与人员过于冗杂、分配结构不合理等问题。强调坚持中国共产党的领导，加强党建与思政工作。明确福利事业单位责任人在行政、财务以及人事等方面的权利与责任，确定其法人代表的地位。与此同时，有专门的部门专门负责管理院长的聘任等工作，并对院长进行定期的民主考核与监督。实行直接领导的单线模式，减少不必要的部门干预。二是增加服务内容，社会福利事业单位首先要做好内部管理改革，在此基础上促进社会福利事业社会化进程，必须灵活运用人力、物力、技术以及硬件设施等方面的优势，面向广大社会成员，开展形式丰富多样的适宜的服务项目，推行社会化服务活动。社会福利事业单位要尽力满足社会需求、紧跟时代发展要求，实现福利硬件设备与设施定期更新换代，创建新型福利设施，尽可能更新福利设备，提高福利服务专业化水准，如设立老人公寓、老人庇护所、老年医院等老人福利服务机构，为儿童、残疾人和精神病人设立专门机构。通过给予不同形式的福利服务，满足不同群众的福利要求。三是提高服务质量，关键在于提高职工队伍整体素质。培养福利服务单位职工队伍全心全意为服务对象服务的观念，加强职工队伍职业道德修养与教育，树立无私奉献且优良专业的工作作风，营造团结友爱的工作氛围。提高职业道德规范化、制度化水平，杜绝一切违法违纪现象的出现。对于工作业绩突出的员工要及时给予嘉奖。积极组织和指导开展各种形式的福利志愿服务活动，比如指导和协调周边学校组织自愿参与的福利服务队伍，到养老院等机构为老年人及其他需要帮助的受助对象送去温暖。四是增强自我发展能力，不能仅仅依靠事业经费，还可以积极挖掘潜力，增加经济收入，用于社会福利事业自身发展，提高福利服务质量，改善服务对象的生活水平。同时，坚持生产与康复相结合的原则，也是社会福利事业可持续发展的主要手段。

1980 年代中后期，党领导的法制建设不断加强福利权益保障，先后出台了《中华人民共和国残疾人保障法》《中华人民共和国未成年人保护法》和《中华人民共和国老年人权益保障法》等法律。这些法律有的虽然并非专门针对社会福利而颁布的，但是内容上涉及了保障老幼孤残等社会特殊弱势群体的福利权益问题，为相关社会福利工作的开展提供了法律依据。在党的十五大报告中正式提出健全社会主义法制，建设社会主义法治国家。党在不断推进依法治国的过程中，社会福利事业法制化也随之加强了建设，取得较快进展。《社会福利机构管理暂行办法》于1999年出台，对各种社会福利机构的申办资格和申办程序进行了明确规定，同时指出了在日常运行过程中各类社会福利机构应依照的主要规则。2001年《老年人社会福利机构基本规范》《残疾人社会福利机构基本规范》《儿童社会福利机构基本规范》等法规相继颁布，对举办社会福利机构的各项标准，包括服务、管理和硬件设施建设等都做出了明确的规定，社会福利事业具有了明确的强制性行业标准，社会福利机构的宗旨与任务得以明确。这些法规为进一步保障老幼孤残等社会特殊弱势群体的福利权益提供了依据，也激发了社会福利社会化的活力与动力。

中华人民共和国成立后首个关于孤儿保障的综合性福利制度安排——《关于加强孤儿救助工作的意见》于2006年3月由民政部、卫生部等15个部委联合颁布，《关于加强孤儿救助工作的意见》首次提出国家在儿童福利事业中主导的原则。而在此之前，儿童福利被认为是家庭的责任，几乎不参与社会保障项目，即使是没有父母保护的儿童，原则上也由家庭而非国家负责。这种局面使得我国的儿童福利供给中缺乏国家层面的助力，《关于加强孤儿救助工作的意见》的出台使我国的儿童福利事业发展出现了新的转折。与此同时，我国的儿童福利长期处于城乡分割状态，拥有城市户口的孤残儿童远比农村的儿童得到更多救助和服务，此次《关于加强孤儿救助工作的意见》中明确了城乡一体化原则，不再以户口身份区别城乡待遇差异，规定以下两部分儿童都可以受到保障：一是失去父母的未成年人，包括机构内集中养育的孤儿、弃婴和社会上的散居孤儿；二是事实上无人抚养的未成年人，这一划分将流浪儿童，无人抚养的服刑人员未成年子女等困境儿童也纳入保障范围。文件表现出党和国家对所有处于困境的儿童一视同仁的态度。

党和政府十分重视老年人养老和医疗服务体系的建设，《关于加强老龄工作的决定》《关于加快发展养老服务业的意见》和《中国老龄事业发展“十二五”规划》等一系列文件相继颁布，加快了养老服务体系建设进度，居家为基础、社区为依托、机构为补充的老年人福利服务逐步发展。党和政府高度关注高龄老人、失能老人的生活保障问题，并积极鼓励社会力量参与建设老年福利机构。到 2010 年底，全国老年福利机构近 4 万个，较往年增加 233 个，养老床位 300 多万张，较往年增长 9.0%，收养老年人数达 240 多万人，较往年增长 6.6%。[①] 随着老年人口的数量不断上升，适应老年服务的需求，老年福利事业加快发展，到 2011 年底，全国老龄事业单位共达 2500 多个，针对老年人的法律援助中心近 2 万个，帮助老年人维权的协调组织 8 万多个，举办老年学校近 5 万所、老年学员 600 多万人，老年活动室数量超过 40 万个。[②]

总而言之，党的社会福利事业单位的改革经历了起步和深化阶段的发展，开始转变为国家、集体、个人共同举办的社会福利形式与供养与康复相结合的服务方式。实践证明，这一时期福利事业积极探索发展，取得了阶段性成绩。就儿童福利服务来说，北京和上海等地实施的家庭分散寄养的儿童福利模式，安徽、黑龙江等地实施的家庭式照顾的儿童福利模式。就福利单位机构改革来说，上海进行了国有福利机构服务与市场服务相结合的探索；山东某些福利院为加强职工的责任意识与竞争观念，实施了“末位淘汰制”等。这一时期党的福利事业呈现出社区力量积极参与社会福利院建设的局面，形成了以街道以及居委会为支撑的社区服务和社会福利网络。但是相对于社会期待，社会福利事业单位改革总体进程仍然较慢。

社区服务作为社会福利服务的内容之一，具有区域性服务性质，是以社区为单位，为老人、儿童、残疾及优抚人员等社会特殊弱势群体提供救助性质的福利服务，为社区内的广大民众提供便民利民服务，为社区内的各种单位团体提供社会服务。1985 年前后，我国的经济形势发生了一些变化。经济发展的速度加快，城市人口的数量也在急剧上升，随之而来的还有家庭结构越来越小型化，社会大众的消费结构也呈现出多元化的状态，与此同时，社会压力越来越大，社会问题也越来越多，城市改革便成为这个时期经济发展的重点。同一阶段，在党的领导下，社会福利制度也在有条不紊地进行改革，改革的目标是实现福利制度社会化。在街道构建“社会福利服务网络”是实现这一改革目标的重要方式之一。在此背景下，1987 年民政工作座谈会上首次提出了社区服务的构想，会议认为，社区服务就是“在中国共产党的领导下，政府动员社区成

---

① 中华人民共和国民政部：《2010 年社会服务发展统计公报》。
② 中华人民共和国民政部：《2011 年社会服务发展统计公报》。

员进行互帮互助的社区服务活动,从而解决社区潜在的一些社会问题”。社区服务正式启动于1987年9月在武汉举办的全国社区服务工作座谈会。1989年10月15日,在杭州召开了全国城市社区服务工作经验交流会,会上对近两年来社区服务工作实践的经验教训进行了交流总结,提出要实现社区服务的普及,在全国街道和居委会普遍开展社区服务。据不完全数据显示,截至1988年,各类社区服务设施已达到6万余个,各类社区服务网点多达10多万个。一批新型福利服务设施也在民政部的带领下兴建起来。这批新型福利服务设施包括各级社区服务中心、老人庇护所、心理咨询服务设施等,这意味着社区服务设施的发展又向前迈了一大步。1991年11月在北京举办了全国社区服务工作研讨会,这次会议从理论的角度出发,对社区服务的发展现状与未来方向进行了交流与展望,对包括社区服务概念的界定、地位与作用的阐述,以及组织和管理、发展和提高等问题进行了探讨。会议提到社区服务具有社会福利的性质,应面向老年人、残疾人、儿童、优抚人员及社区全体成员提供服务。1992年7月,在《中共中央、国务院关于加快发展第三产业的决定》中提出要使社区服务产业化和行业化的要求。到1992年底,社区服务的工作在全国一半以上的街道展开。为了贯彻落实党的十四大精神,加快建立健全社会化服务体系,保证社区服务顺利健康的发展,1993年8月27日,国家出台首个有关社区服务发展的政策文件——《关于加快发展社区服务业的意见》。《关于加快发展社区服务业的意见》将社区服务业分类为第三产业,指明了社区服务业的发展要求、发展目标和基本任务,确立了一些支持与保护社区服务发展的政策,把社区服务引领到适应我国现实并实现自我积累与发展的道路上来,并将产业化和社会化定为社区服务的未来前进方向。1994年底,社区服务在上海全国社区服务经验交流会上被再次定位,会议上清楚地解释了社区服务发展中一些模棱两可的概念与认识,再次阐释了社区服务的任务和宗旨,着重强调社区服务要以社会效益为主,突出表述了社会性服务的必要性和重要意义。1995年12月先后出台了《关于加快发展社区服务业的意见》《社区服务示范城区标准》,在全国范围内开启了示范城区活动,这一做法促使社区服务更好的适应了社会主义市场经济的整体环境。1996年9月,在南京召开了关于社区服务的专题会议,明确保证了社区服务发展的正确方向,为社区服务在全国范围内的大面积普及和平均水准的提高提供了示范与指导。1997 年 7 月，在青岛召开的社区服务理论与实践会议总结了社区服务过往 10 年的经验教训，并提出推行了一些社区服务示范城区的经验。从此以后，社区服务无论在理论上还是实践中都不断发展，并逐渐在全国推行。

二、农村福利事业社会化转型

计划经济时期我国建立了五保供养制度，虽然在制度设计上存在着一定程度的缺陷，并且保障的水平也比较低，但却为这部分群体保障了基本生活条件，也是我国集体经济时期对于农村困难群体的探索过程的成果，是对我国传统福利思想中邻里互助的观念的继承，所以在改革开放后仍旧采用这种制度，并将其进一步完善。最突出的是对救济的方式的转变，变过去的临时救济为定期救济，从而有效地减少救济费被浪费、挪用以及挤占的现象发生，确保农村的救济费能够有效使用，同时也加大对农村贫困对象的保障力度，提高其保障水平，使得对“五保户”的保障工作落到实处。同时政府进一步明确“五保户”的范围，确定“五保户”具体的人数，通过普查全国五保户共有 298.89 万人，其中老人 264.78 万人，残疾人 19.85 万人，孤儿 14.26 万人；90%以上的五保人员落实了各种形式的五保供养和社会救济政策。[①] 对于五保制度中一直存在但未解决的问题，中共中央、国务院发布系列文件，如《中共中央关于加快农业发展若干问题的决定》《〈关于进一步加强和完善农业生产责任制的几个问题〉的通知》《关于制止向农民乱派款、乱收费的通知》和《农民承担费用和劳务管理条例》等，对全国各地五保工作的落实提出要求，以村提留、乡统筹的集体公益金模式承担供养五保户的各项费用。中华人民共和国成立以来第一部关于五保工作的专门法规文件——《农村五保供养工作条例》于 1994 年出台，自此我国的五保管理工作逐步法治化、规范化。总体来说，五保供养制度在全国大部分地区得到了较好的实施，成为农村社会福利的一大特色。2000 年，集体供给的五保户共有 208.1 万人，比上年增长 6.5%；集体供给金共有

① 王子今、刘悦斌、常宗虎：《中国社会福利史》，武汉大学出版社 2013 年版，第 285 页。

20.5亿元,比上年增长1.5%。①

三、富起来时期社会福利事业成效

通过改革开放,党领导中国人民逐步富起来,这一阶段社会福利事业逐步转型,进一步理顺管理体制,生产性社会福利对福利体系起到了支撑作用,财政支持不断加大力度的同时,福利彩票发行扩大了资金来源。

(一) 社会福利事业管理体制逐步理顺

民政部于1978年5月正式成立,恢复了原内务部有关职能,并根据需要增加了部分职能。同年,第七次全国民政会议举行,民政部门的主要业务被明确为优抚安置、救灾救济、社会福利以及其他事项等。逐步建立残疾人福利管理体制,中国残疾人福利基金会1984年3月正式成立,1987年底,国务院同意组建中国残疾人联合会,由民政部代管。市场经济体制改革目标明确后,党的十四届三中全会《关于建立社会主义市场经济体制若干问题的决定》提出建立多层次的社会保障体系,主要包括社会保险、社会救济、社会福利、优抚安置、社会互助等,民政部内设机构根据党的社会保障体系设计做了一定调整。

(二) 社会福利事业社会化转型

富起来阶段的社会福利事业开始社会化转型。社会福利事业主体更加社会化、多元化。计划经济时期社会福利事业的责任主体是国家,市场化改革以后,社会福利事业的责任主体逐步从国家本位走向政府—市场—社会多元构建。

社会福利事业的实现路径,逐步从革命思维、社会动员和行政命令,走向建设思维、多元发展。社会福利事业的资金来源更加多样,逐步从国家财政包办,发展为国家财政为主、社会捐赠和基金会项目运作等多种方式为辅助的形式。

① 时正新:《中国社会福利与社会进步报告(2001)》,社会科学文献出版社2001年版。

社会福利的服务体系，也逐渐从公办福利机构走向市场化、社会化多元发展的格局，政府通过购买服务促进社会福利事业社会化转型。国家不再包办社会福利事业，政府从社会福利事业唯一提供者，转变为在公办福利事业建设中发挥主导作用，民间力量受到激励参与社会福利事业，社会工作力量接受政府购买服务，政府更多发挥扶持和监督作用。

（三）福利企业对福利体系起到支持作用

市场经济体制改革以后，福利企业作为吸收残疾人集中就业的主要渠道，在残疾人福利中发挥着重要作用。严格说来，社会福利企业不属于本书界定的社会福利事业范畴。但社会福利企业作为这一阶段社会福利事业社会化、市场化的一种重要方式，通过解决残疾人就业，增强残疾人自食其力的能力，实实在在减轻了社会福利事业供养压力，是社会福利事业研究不可忽略的问题。2007 年 7 月 1 日《福利企业资格认定办法》开始执行，其对福利企业做了界定，明确了税收减免等激励和扶持政策。规定依法在工商行政管理机关登记注册，安置残疾人职工占职工总人数 25%以上，残疾人职工人数不少于 10 人的企业，属于社会福利企业。福利企业为残疾人提供力所能及的就业岗位，改善了他们生活水平和社会归属感，对于包括残疾人在内的福利体系起到了支持作用。从表 3 - 4 不难发现，我国福利企业在 1990 年代增加最快，1990 代末期以后福利企业开始减少，残疾职工数量也相应减少。这一方面是由于市场竞争的压力；另一方面，我国鼓励残疾人从福利企业集中就业到一般企业分散就业并行。

表 3 - 4　　富起来时期社会福利企业基本情况（1986—2011 年）

年　份	数量（万个）	总产值（亿元）	利润（亿元）	职工总数（万人）	残疾职工数（万人）
1986	1.99	68.7	6.3	88.6	37.0
1987	2.78	114.7	9.2	113.9	43.3
1988	4.05	206.3	16.6	147.6	65.9
1989	4.16	261.5	/	163.4	71.9
1990	4.18	301.3	/	158.3	72.9
1991	4.38	412.6	/	170.2	77.2

续 表

年 份	数量 (万个)	总产值 (亿元)	利润 (亿元)	职工总数 (万人)	残疾职工数 (万人)
1992	4.98	661.8	/	190.1	70.0
1993	5.68	890.0	/	205.9	84.2
1994	6.00	352.6	/	218.3	90.9
1995	6.00	394.0	/	222.1	93.9
1996	5.90	433.5	/	216.8	93.6
1997	5.50	356.0	/	208.8	91.0
1998	5.10	355.2	/	195.3	85.6
1999	4.50	/	76.7	180.0	79.0
2000	4.00	/	99.0	167.0	72.9
2001	3.80	/	120.0	/	70.0
2002	3.60	/	148.3	/	68.3
2003	3.40	/	190.0	/	67.9
2004	3.20	/	219.0	/	66.2
2005	3.12	/	225.2	/	63.7
2006	3.02	/	237.8	/	55.9
2007	2.50	/	169.3	/	56.3
2008	2.38	/	118.4	/	61.9
2009	2.28	517.8	125.4	/	62.7
2010	2.22	592.0	150.8	/	62.5
2011	2.15	738.0	140.1	/	62.8

资料来源:根据民政部公布民政事业发展统计报告整理,部分年份数据缺失或统计口径不同。

(四) 财政支出总量持续加大

总体来看,市场经济时期社会福利的制度内容和服务对象都有所扩张,表3－5的数据表明,财政支出总量大幅攀升。尽管统计资料分析表明,1978—2000年,社会福利及创除低保外的社会救济费用,在国家财政支出中的比重变化不明显,基本维持0.4%左右,有些年份还低于0.3%,甚至略低于计划经济时期。但是由于富起来的历史时期国家财力增强，社会福利事业的财政支出总量仍然十分可观，对社会福利事业发展给予了较大财力支持，再加上福利彩票和社会企业的资金引入，党领导社会福利事业的供给能力明显提升。

表 3-5　　富起来时期社会福利财政支出情况（1978—2011 年）

年　份	社会福利费（亿元）	国家财政支出（亿元）	社会福利费占财政支出的比重（%）
1978	4.4	1 122.09	0.39
1979	5.2	1 281.79	0.41
1980	5.2	1 228.83	0.42
1981	5.1	1 138.41	0.45
1982	5.1	1 229.98	0.41
1983	6.5	1 409.52	0.46
1984	8.0	1 701.02	0.47
1985	7.4	2 004.25	0.37
1986	8.3	2 204.91	0.38
1987	8.6	2 262.18	0.38
1988	9.0	2 491.21	0.36
1989	10.0	2 823.78	0.35
1990	10.8	3 083.59	0.35
1991	11.7	3 386.62	0.35
1992	12.4	3 742.20	0.33
1993	14.5	4 642.30	0.31
1994	17.3	5 792.62	0.30
1995	19.7	6 823.72	0.29
1996	22.8	7 937.55	0.29
1997	27.1	9 233.56	0.29
1998	34.0	10 798.18	0.31
1999	52.5	13 187.67	0.40
2000	65.4	15 886.50	0.41
2001	30.1	18 902.58	0.16

续 表

年 份	社会福利费(亿元)	国家财政支出(亿元)	社会福利费占财政支出的比重(%)
2002	29.2	22 053.15	0.13
2003	39.8	24 649.95	0.16
2004	52.1	28 486.89	0.18
2005	55.6	33 930.28	0.16
2006	65.3	40 422.73	0.16
2007	87.6	49 781.35	0.18
2008	103.1	62 592.66	0.16
2009	124.1	76 299.93	0.16
2010	109.9	89 874.16	0.12
2011	232.2	109 247.79	0.21

资料来源：中华人民共和国民政部编：《中国民政统计年鉴(2018)》，中国社会出版社 2018 年版，第 136、137 页；国家统计局编：《中国统计年鉴(2018)》，中国统计出版社 2018 年版，第 217 页。1978—2000 年为社会福利及其他社会救济费(除去低保)。

(五) 福利彩票拓展社会福利事业资金来源

福利彩票是在市场经济体制改革和社会福利事业社会化转型背景下发展起来的。1987 年 6 月，国务院批准中国社会福利有奖募捐委员会正式成立，由民政部领导。当年 7 月 27 日，河北省石家庄市销售点售出的第一张社会福利有奖券，成为中国福利彩票上市发行的标志。社会福利彩票坚持"扶老、助残、救孤、济困"的福利原则，唤醒了民众的福利慈善意识。表 3－6 的数据表明，福利彩票为社会福利事业和公益项目融通了大量公益资金，为中国公益慈善事业发展做出了突出贡献。

表 3－6　　富起来时期福利彩票销售情况(1995—2011 年)

年 份	发行管理单位(个)	销售额(亿元)	提取公益金(亿元)	公益金支出(亿元)
1995	/	57.3	16.9	/
1996	/	64.8	19.1	/

续　表

年　份	发行管理单位（个）	销售额（亿元）	提取公益金（亿元）	公益金支出（亿元）
1997	/	36.4	10.1	/
1998	/	63.2	19.6	14.1
1999	1 169	104.4	30.5	19.9
2000	1 253	89.9	24.2	38.7
2001	1 185	139.6	41.9	19.7
2002	1 121	168.0	52.3	25.5
2003	1 145	200.1	67.2	30.6
2004	1 128	226.4	79.4	33.8
2005	1 113	411.2	136.3	52.3
2006	989	495.7	168.8	52.6
2007	985	631.6	211.0	77.6
2008	999	604.0	205.4	119.2
2009	988	756.0	243.4	113.4
2010	993	968.0	298.8	121.2
2011	974	1278.0	382.0	127.9

资料来源：中华人民共和国民政部编：《中国民政统计年鉴（2018）》，中国社会出版社 2018 年版，第 157 页。

第三节　强起来时期的社会福利事业

强起来的历史阶段，是党领导的社会福利事业进入新时代，人民群众的美好生活向往，对党领导社会福利事业提出更高期待。2012 年 11 月，党的十八大召开，十八大报告中提出落实“经济建设、政治建设、文化建设、社会建设、生态建设”五位一体的总体布局，社会建设要着重保障和改善福利，其内容包括“努力办好人民满意的教育，推动实现更高质量的就业，千方百计增加居民收入，统筹推进城乡社会保障体系建设，提高人民健康水平，加强和创新社会管理”。党的十八大报告明确提出“社会保障是保障人民生活、调节社会分配的一项基本制度”,体现了党对社会福利制度与政策认识的深化与演进,社会福利逐步从服务经济回归到社会建设。对于新时代如何保障和改善民生,党的十九大强调“要抓住人民最关心最直接最现实的利益问题,既尽力而为,又量力而行,一件事情接着一件事情办,一年接着一年干。坚持人人尽责、人人享有,坚守底线、突出重点、完善制度、引导预期,完善公共服务体系,保障群众基本生活,不断满足人民日益增长的美好生活需要,不断促进社会公平正义,形成有效的社会治理、良好的社会秩序,使人民获得感、幸福感、安全感更加充实、更有保障、更可持续”。[①] 这一系列会议政策方针无一不体现出党对于保障和改善民生福利的坚定信念,为新时代社会福利政策演进提供了政治保证。

一、脱贫攻坚助力社会福利事业

党的十八大以来面对全新的形势,宏观政策要稳、微观政策要活、社会政策要托底的新发展理念被提出,社会政策要托底成为新时期社会建设的秉持原则,如何达到托底目标,脱贫攻坚是实现这一目标的重要方式之一。习近平指出:消除贫困、改善民生、逐步实现共同富裕,是社会主义的本质要求,是我们党的重要使命。[②] 2015 年 10 月,党的十八届五中全会召开,为能够实现全面建成小康社会的奋斗目标,党和国家制定了新时期脱贫攻坚的目标,规定 2020 年必须实现“两个确保”,农村贫困人口确保脱贫,贫困县确保全部脱贫摘帽。11 月,中共中央、国务院颁布《关于打赢脱贫攻坚战的决定》,强调“扶贫开发事关全面建成小康社会,事关人民福祉,事关巩固党的执政基础,事关国家长治久安,事关我国国际形象”。[③] 2018 年 5 月 31 日,中共中央政治局召开会议,审议《关于打赢脱贫攻坚战三年行动的指导意见》,强调必须对打赢脱贫攻坚战所面临的挑战与困境有清醒的认知,打赢脱贫攻坚硬仗,如期全面建成小

① 习近平:《决胜全面建成小康社会　夺取新时代中国特色社会主义伟大胜利》,人民出版社 2017 年版,第 44—45 页。

② 宋亚平:《新形势下打赢脱贫攻坚战的战略指引》,《人民日报》2016 年 11 月。

③ 《中共中央国务院关于打赢脱贫攻坚战的决定》,《人民日报》2015 年 12 月。

康社会，为实现第一个百年奋斗目标奠定坚实基础。

2017 年 8 月，在第十二届全国人民代表大会常务委员会第二十九次会议上，《国务院关于脱贫攻坚工作情况的报告》提到：为如期实现脱贫攻坚目标，按照党中央、国务院决策部署，国务院扶贫开发领导小组与相关部门建立了脱贫攻坚责任、政策、投入、动员、监督、考核等六大体系，为脱贫攻坚战能够如期胜利提供制度保证。为促进残疾人和妇女儿童的脱贫工作有序进行，国务院发布了《贫困残疾人脱贫攻坚行动计划（2016—2020 年）》《国家贫困地区儿童发展规划（2014—2020 年）》《国务院关于加强农村留守儿童关爱保护工作的意见》《关于在脱贫攻坚战中开展“巾帼脱贫行动”的意见》等，面对不同群体的发展需要，实施有针对性的扶贫脱贫措施。

在教育扶贫方面，通过实施包括学前教育三年行动计划，改善农村义务教育薄弱学校基本办学条件，学前教育资助政策，义务教育免除教科书费、学杂费，寄宿生生活补助等在内的 20 项扶贫政策，在办学费用、办学设施、师资水平等方面尽力扶助贫困儿童，缩小教育水平差距，努力实现教育扶贫全覆盖。

二、城乡社会福利统筹发展

保障和改善民生是社会建设的重中之重，是党和政府一切工作的出发点和落脚点。“我们的人民热爱生活，期盼有更好的教育、更稳定的工作、更满意的收入、更可靠的社会保障、更高水平的医疗卫生服务、更舒适的居住条件、更优美的环境，期盼孩子们能成长得更好、工作得更好、生活得更好。人民对美好生活的向往，就是我们的奋斗目标。”①这是 2012 年 11 月习近平与中外记者见面时的讲话。人民群众直接关心的方方面面都是社会福利应考虑在内的。

老龄人口迅速增加是必须正视的问题，为应对人口老龄化，保障老年人安度晚年，国务院于 2013 年 9 月颁布《关于加快发展养老服务业的若干意见》，要求“到 2020 年，全面建成以居家为基础、社区为依托、机构为支撑的，功能完善、规模适度、覆盖城乡的养老服务体系。养老产品更加丰富，市场机制不断

① 中共中央文献研究室：《十八大以来重要文献选编》（上），中央文献出版社 2014 年版，第 70 页。

完善。养老服务业持续健康发展”。[①] 2016 年 12 月,发布《关于全面放开养老服务市场提升养老服务质量的若干意见》,提出了四方面的任务,包括降低养老服务市场准入门槛,提升居家社区养老生活品质,建设优质养老服务供给体系以及增强政策保障能力。

党的十八大之后的残疾人保障也逐渐走向城乡协调发展的道路。《关于全面建立困难残疾人生活补贴和重度残疾人护理补贴制度的意见》2015 年出台,申领程序中表明只要是能够通过资格认定的残疾人,不分户籍,审核成功后即可发放补贴。次年,《“十三五”加快残疾人小康进程规划纲要》中强调要坚持统筹兼顾与分类指导相结合的原则,既要加强对农村、重度贫困地区内残疾人的扶持,统筹推进城乡地区和不同类别残疾人的小康进程,又要顾及城乡和地区差异,使残疾人小康进程与当地全面小康进程协调发展。[②]

三、新时代中国特色社会福利事业发展

新时代我国社会主要矛盾发生变化,社会福利事业重点是解决存在的不平衡不充分问题,党领导的社会福利事业经历着新时代转型。

(一) 社会福利事业结构从政府主导转向社会合作

中华人民共和国确立社会主义制度后,社会福利事业发展所依赖的强弱关系顺序为“政府—社群—社会”。国家和政府获得对生产和生活资源的支配地位;对亲属邻里等社群力量的依赖不可或缺,部分生活资源仍然依靠人情化的互助机制获得帮助[③];市场等社会力量有所成长,但作用还比较有限。改革开放后党领导的社会福利事业逐步转型,国家和政府不再包揽社会福利事业,市场化改革片面追求经济效益,违背社会福利事业的公益性,城乡社群互济对

① 中共中央文献研究室:《十八大以来重要文献选编》(上),中央文献出版社 2014 年版,第 361—362 页。

② 中共中央文献研究室:《十八大以来重要文献选编》(上),中央文献出版社 2014 年版,第 535 页。

③ 曾瑞明:《跟进美好生活需要:新时代中国特色社会福利制度转型论析》,《理论探讨》2019 年第 2 期。

于应对福利需求发挥重要作用。但随着市场经济体制改革的深化，传统社群联系的纽带日益松散，甚至断裂，亲属邻里的相互帮扶的社会福利网络日益逐渐解体。新时代社会福利事业发展，对于社会合作提出了迫切要求。

与此同时，人们的福利需求层次不断提高，新时代的社会福利需求正从基本保障向自我发展提升。从社会福利水平来看，党领导社会福利事业基本满足了人民群众第一层次基本福利保障功能，随着这种功能的巩固，越凸显社会福利事业存在结构性问题。国外发达国家福利制度发展经验与新时代我国社会主要矛盾变化，都说明新时代社会福利结构变迁的必要：简单依靠政府财政提供社会福利服务，无法真正满足人民对美好生活的新需要。新时代人民群众对于美好生活的需要具有多元化倾向，福利层次逐步超越基本保障要求向更高层次跃升，人们越来越希望提供个性化发展和自我实现的支持，作为满足基本公共利益的政府，已经无法通过公共财政满足日益提升的多样化需要。对于新时代产生的新福利需要，这个空间只能由社会化力量来补充。

新时代党领导的社会福利事业，正从政府主导转向社会合作，企业、社会组织和个人成为福利合作的力量，共同参与福利生产与福利供给，逐步寻求供给与需要之间的新平衡，形成多元治理的新格局。拿养老福利事业来说，家庭财产性收入增多，个人储蓄性养老保险与商业养老保险充实了“第三支柱”，缓解了对政府养老福利事业的依赖。养老服务领域还产生了一批服务企业，它们通过市场化运营，为养老机构和社区提供多样化服务，成为一支重要的养老服务市场力量，既满足了养老服务的多样化需要，也减轻了政府的服务压力。新时代社会组织参与基本公共服务渠道日益通畅，社会组织服务的数量和质量都有明显提升。社会志愿服务得到支持和提倡，志愿者提供养老服务的社区志愿活动越来越多见。当然，社会合作提供的社会福利服务，还不足以满足人民日益增长的美好生活需要，政府的作用仍然非常重要。一方面，必须继续加大对基本福利服务的支持；另一方面，要转变社会福利发展观念，从政策上为其他主体参与社会服务提供有效支持，放开社会力量参与社会福利事业的准入限制，完善志愿服务的治理机制。

总的来说，新时代党领导的社会福利事业必须顺应人民群众对美好福利的需要，改革福利生产和供给机制，为社会合作提供政策空间，形成社会福利事业从政府主导转向社会合作的格局。

(二)社会福利事业功能从风险治理转向创造美好生活

现代社会福利制度发展实践证明,不论是发达福利国家的制度设计,还是当前中国特色的福利事业安排,尽管模式有差异,基本都还是为了解决社会风险。这种风险治理型社会福利,以普惠安全为基础目标,实施保底性社会服务和强制性社会保险制度,保障社会成员基本“底线公平”,最终消除社会风险。不同制度安排的差异,主要表现在经济基础和治理基础不同,发达国家的公平底线可能设置高一些,发达国家福利管理和服务处理得更精细一些,而总体上福利功能都属于风险治理这个目标。

新时代社会主要矛盾的新特点,要求党领导的社会福利事业功能从风险治理转向创造美好生活。如前所述,党领导的中国特色社会福利事业具有较强的风险治理特征,无论各领域的养老福利、儿童福利、妇女福利与残疾人福利,还是各个福利制度的基本公共服务项目,其产生和发展都基本是由社会问题倒逼而成的。新时代人民群众对美好生活的需要越来越高,也就是说,人们基本安全保障解决后,需要更好的社会福利事业来满足对美好生活的追求。这样分析来看,党领导的风险治理型社会福利事业目标定位偏低,社会福利服务政策功能已经滞后。

新时代党领导的社会福利事业正体现前瞻性,对福利事业功能进行调适,从基本收入的保障,逐步关心人民群众精神文化、发展机会和个性自由等方面的新需要,不仅在公平方面,而且在保障质量方面,不断提高社会福利事业水平。面向全面建成小康社会的当前任务和基本实现现代化的更高目标,发展面向全体国民同时又涵盖美好生活诉求的社会政策和制度。① 需要指出的是,转化过程中不是弱化风险治理功能,而是在原有的“保基本”的基础上,按照美好生活发展的要求,拓展非基本型的福利功能。在福利设施和福利服务方面,丰富维护心理健康、支持社区文化建设、指导职业发展、服务老年社区等功能的福利项目。

---

① 王思斌:《我国适度普惠型社会福利制度的建构》,《北京大学学报》(哲学社会科学版)2009 年第 3 期。

总的来说，党领导的社会福利事业要将回应人民群众新需求与解决社会问题相结合，将社会福利事业的功能从风险治理转向创造美好生活，真正提升人民群众的福祉。

四、强起来时期社会福利事业成效

（一）社会福利事业更加普惠

中国特色社会主义进入新时代，民政部在2018年机构改革中，内设机构进一步调整，11个职能司局中，养老服务、儿童福利、慈善事业从社会福利划出得到进一步加强，治理体制更加精细化，各项社会福利事业得到加强，普惠型社会福利事业日益彰显。具体来说，老年人社会福利受益对象，从“三无”老年人向一般老年人过渡，普惠的老年补贴制度基本覆盖城乡老龄人口。儿童福利的保障对象，除了孤残儿童重点群体的供养照护外，儿童教育和健康等普惠性政策正覆盖更多儿童及其家庭。针对残疾人的社会福利基本成型，从教育、康复、集中与分散就业、文化娱乐和无障碍设施等广覆盖、全方位的残疾人福利体系逐步构建。

社会福利事业更加普惠，还表现在从机构供养扩展到社区服务。新时代在继续加快发展机构福利服务的同时，尊重服务对象多样化和个性化的福利需求，加强了社会福利服务向社区的延伸，努力实现机构供养与居家福利服务和社区福利服务的协调发展，促进社会福利事业体系的完善和基本公共服务的均等化。强起来时期的社会福利事业，正从补缺型走上普惠性的轨道。

（二）社会福利事业支出明显加大

在强起来时期，人民对美好生活的向往是社会福利事业发展的时代背景。社会福利事业聚焦供给侧结构性改革，特别强调高质量发展，努力使收入分配更加公平、基本公共服务提质增效、百姓的满意度不断增强。党的十八大以来，特别是2016年以后，社会福利支出在国家财政支出中的比重首次超过0.4%（参见表3－7），支出总量更是大幅度提高。从财政支持力度来看，社会福利事业从补缺型财政支出走上普惠型财政支持的快车道。

表 3 - 7　　强起来时期社会福利财政支出情况(2012—2017 年)

年　份	社会福利费(亿元)	国家财政支出(亿元)	社会福利费占财政
2012	319.5	125 952.97	0.25
2013	397.6	140 212.10	0.28
2014	481.0	151 785.56	0.32
2015	562.8	175 877.77	0.32
2016	753.4	187 755.21	0.40
2017	920.5	203 085.49	0.45

资料来源：中华人民共和国民政部编：《中国民政统计年鉴(2018)》，中国社会出版社 2018 年版，第 136、137 页；国家统计局编：《中国统计年鉴(2018)》，中国统计出版社 2018 年版，第 217 页。

(三) 大力开拓社会福利事业资金来源

强起来时期的社会福利事业资金来源更加广泛，不仅国家财政支出大幅提升，福利彩票经历 3 个阶段发展以后，成为社会福利事业资金的重要补充。社会福利有奖募捐券阶段(1987—1994 年)，当时的商品经济还不发达，主要采取有奖募捐券的办法，后来逐步出现家电等紧俏商品设奖销售的“实物兑奖销售”；传统福利彩票销售阶段(1995—1998 年)，“中国社会福利奖券发行中心”更名为“中国福利彩票发行中心”，“社会福利有奖募捐券”也更名为“中国福利彩票”，通过销售福利彩票募集社会资金；电脑福利彩票销售阶段(1999 年至今)，电脑网络销售在福利彩票中推广应用，全国电脑彩票系统监控中心建立，覆盖全国的福利彩票销售网点基本建成，大量销售和高额奖金扩大了福利彩票影响面和销售量，福利彩票的类型越来越多，这样福利彩票的销售额、提取公益金和支取公益金的额度，也都有了大幅增加，为新时代社会福利事业开拓了资金来源。

表 3 - 8　　强起来时期福利彩票销售情况(2012—2017 年)

年　份	发行管理单位(个)	销售额(亿元)	提取公益金(亿元)	公益金支出(亿元)
2012	955	1 510.3	449.4	159.0
2013	940	1 765.3	510.7	195.5

续　表

年　份	发行管理单位（个）	销售额（亿元）	提取公益金（亿元）	公益金支出（亿元）
2014	893	2 060.0	585.7	231.3
2015	861	2 015.1	563.8	288.9
2016	788	2 064.9	591.5	268.3
2017	729	2 169.8	631.1	275.2

资料来源：中华人民共和国民政部编：《中国民政统计年鉴(2018)》,中国社会出版社 2018 年版，第 157 页。

第四章　中华人民共和国成立以来党领导社会福利事业的实证研究

根据中华人民共和国成立以来党领导社会福利事业的演进及其成效，不难发现，党领导中国人民站起来到富起来、强起来的不同历史时期，社会福利事业既有连贯性又有阶段性特点，党的社会福利事业为人民谋福利的宗旨始终如一，但是又根据时代要求不断创新演进，突出表现在：一是社会福利事业包括福利供养机构的社会化转型，二是社会福利服务机构供养向社区延伸，三是党重视福利制度建设的同时，更加重视基层党建引领社区福利服务，这些都体现出党为满足人民群众多层次多样化福利需求的努力。为了在宏观论述的基础上进行微观分析，本研究选取广州 A 镇、上海 B 社区和深圳 C 社区比较具有典型性的个案开展实证研究。

第一节　福利供养机构社会化转型实证研究

党领导社会福利事业与时俱进，根据不同阶段的经济社会发展条件和人民群众的福利需要，不断进行改革调整，传统民政福利的机构供养，也呈现逐步社会化的趋势。福利供养机构社会化转型的实证研究，选取广州两家福利事业单位作为个案进行调查分析。这两家分别属于收养类、优抚类福利事业单位，其个案情况生动反映出社会化转型中政府与社会力量之间的互动。

一、机构福利社会化转型个案介绍

选取的广州两家福利事业供养单位，分别是A镇社会福利院、第B康复医院。社会福利事业社会化是一次系统转型，涉及建设运营主体、资金来源、人才队伍等方方面面，两家福利机构的社会化也在多个方面得到体现，人是最活跃、最关键的因素，在个案调查研究过程中，主要聚焦社会工作人才队伍社会化问题。

实证选取的两家单位都已经纳入民政部门开展的社会工作人才队伍社会化建设的试点单位。民政部与人力资源社会保障部2008年联合下发的《关于民政事业单位岗位设置管理的指导意见》中提出，“民政事业单位原则上要以社会工作岗位为主体设立专业技术岗位”。目前各地已在福利事业单位和城乡社区服务机构开发设置社会工作岗位。个案两家单位民政部与广州民政局社工人才队伍建设试点单位，体现了社会福利事业单位社会化转型的新思路。

个案在实践经验上具备一定代表性。改革开放看广东，不仅表现在经济领域，而且在社会建设各个领域，广州作为改革开放前沿地区的省会，改革开放积累了经济基础和创新理念，又临近港澳，社会服务等方面相关理念很容易受到港澳先行经验的影响，因而社会福利事业机构社会化改革在全国具有领先性。从其转型实践来看，广州将全部民政事业单位纳入机构社会工作人才队伍建设试点范围，尤其是珠三角地区，社会福利事业改革实践处于国内前列。这些都是研究个案选取的重要影响因素。

个案(一) A镇社会福利院

该福利院位于广州A镇，建于中华人民共和国成立初期，院内面积不到20万平方米，是一家全额拨款的公益一类综合性福利供养事业单位，承担养老、托老与特殊儿童抚养教育。该福利院内设5个服务区，分为全护理、半自理、自理、治疗康复、自费收养等，院内目前拥有各类供养床位300多张，建有理疗康复中心和文化活动中心，并针对供养对象开展康复护理、心理辅导和文化娱乐等服务。A镇福利院推进社会化改革过程中，服务的主要任务是城市的“三无”对象，提供收养、教育、管理和康复治疗等方面服务。社会化转型的重要变化之一，就是根据资源宽裕情况，承接一定量的自费收养业务，收养自费的孤、老、残、幼人员。因此，A镇社会福利院近几年适量接受了一些城市双职工家庭委托的服务，为这些家庭的残疾人员和退休孤老职工提供入住服务，也有少量针对港、澳等地区老人和残疾人的有偿服务，通过面向社会开放的自费项目，拓展了社会养老服务业务和专业水平，也开拓了福利院的资金来源。目前，该院收养老人和孤儿100人左右。福利院全职职工56人，其学历水平以中学及以下为主，中学以上学历21人，具备本科学历的仅有1人。

个案(二)　第B康复医院

该康复医院也位于广州的A镇，医院面积近10万平方米，另有农疗康复基地30亩左右，建立之初主要为了疗养复员、退伍军人精神病患者。第B康复医院是财政全额拨款的公益一类单位，属于省民政厅直管的优抚事业单位。随着社会福利事业社会化改革，最近几年医院逐渐向社会开放服务，除收治复退军人精神病患者住院康复，也开始接收属于民政、残联部门保障的精神病人，还有少量社会自费入住病人，收养人数超过200名。该医院包括门诊部、康复部和多个住院病区，现有病床200余张，职工110人左右，其中医务人员比例约70%。第B康复医院坚持助弱扶残的服务理念，综合运用药物、心理和行为治疗等手段，并辅以体能锻炼和农疗康复基地的简单劳作，加强人际交往训练，病患医治和康复的效果较好，大部分得到有效控制，病情缓解率与稳定性都表现不错。

二、实证个案的社会化转型过程

研究采取资料检索和访谈的方式，分别于2018年和2019年开展，调查材料可考察出A镇社会福利院和第B康复医院的社会工作人员队伍社会化转型情况。

A镇社会福利院是民政部和省民政厅较早一批社会工作人才队伍建设试点单位，该院内设社工科，人员包括科长、副科长各1名，社工机构外派专业社工2名，跟广州一所高校社会工作系和广州一家社会工作服务中心建立合作关系，推进社会工作人才队伍建设改革项目。省民政厅向A镇社会福利院拨付项目资金，采用向广东某高校社会工作系委托课题的形式合作，由高校聘用社会服务中心社工，派驻A镇社会福利院提供专业社工服务，某高校社会工作系对派驻社工进行专业培训和业务指导。

访谈对象是派驻A镇福利院的社工H，男，本科毕业，从业2年，任派驻社工项目组组长。以下内容根据对H的访谈整理。

A镇社会福利院社会工作开展状况。全院100多名老人和儿童服务对象，老人为主，只有十几个老人能够正常活动，大部分需要卧床休养。院内服务对象身心素质欠佳，派驻社工的工作压力较大。单个服务经常会由于老人身体原因而中断，开展小组活动也由于老人身体欠佳而难于进行专业服务。只有2个专职社工，科长都是兼职的，人手无疑非常紧张。不少人虽通过社工资格考证，但因为工作分配等原因，仍待在原科室而未调入社工科（社工考证激励力度不大）。目前人力有限，社工服务一般只能照顾老人，顾及小孩的时间不多，后面可能要补充专职社工。专业服务开展的资源方面，项目经费紧张且使用起来极不方便，审批程序麻烦，即便购买一点活动需要的材料，也要经过多部门签字盖章。福利院的科层制管理，领导重视和支持对社工工作开展具有决定作用。由于社工是派驻过来的，担心越权，不便直接跟福利院领导沟通，只得通过科长转达，科层制对社工服务造成影响，导致服务效率不高。

社工项目改善建议。需要对专制社工给予关心，社工人数少压力大，工作又很紧张、还经常需要加班，而报酬待遇无法跟福利院其他工作人员等同，如此下去难免会挫伤社工热情；再就是关心社工成长，福利院所在乡镇位置比较偏，派驻社工和外界交流机会缺乏，对周边其他机构的社工工作状况和行业发展形势了解和交流不够。建议福利院给社工更多培训和成长机会。

第B康复医院项目背景跟上述福利院类似，同为社区工作试点项目，项目合作已经进行到第三期。康复医院要求社工科科长必须具备中级社工师资格，由于没有合适人选，暂时由护理部的一位科长兼任，而护理部事务本来就烦杂，所以跟福利院类似，兼职的社工科长精力放在社工管理的不多，相关工作主要靠该科1名年轻中级社工师和1名派驻社工负责。调查访谈对象为第

B康复医院康复科长兼任的社工科长,女,42岁。

医院社工总体运作状况。康复医院向社会开放,收治一些自费照顾对象,使得经费相对宽松,后面医院扩建中已经考虑增加社工方面的多个功能室。医院当前初级和中级社工师一共20余名,考证并不困难,目前符合条件的人员基本都参加了考试,其中一些人在其他部门任职,考证合格后很多并未调入社工科。

社工在医院开展服务的困难及原因,一是人员紧缺,仅有1名专职社工、1名派驻社工,该专职社工对于待遇和工作内容有想法,多次希望调回之前原岗位,人心不稳;二是经费不足,社工能够开展的工作受到局限;三是社工专业本土化还在探索,如果照搬从香港借鉴过来的社工内容,不一定适合内地。

关于社工工作的建议。社工工作对于改善服务对象的精神面貌起到了积极作用,今后的工作还是希望探索出成熟的模式。派驻社工撤走后,我们也在建议医院领导招聘新人,补充力量。招聘新人比较容易管理,单位原有其他岗位转过来的,适应新的社工岗位有一个转换过程,惯性思维影响转换效果。也希望社工帮助消除精神疾病患者在社会接纳方面的歧视,如果能发挥这些方面作用,就更有意义。

后续跟踪发现,A镇社会福利院和第B康复医院改变了社区队伍建设方式,不再通过跟高校合作引进派驻社工,而是单位通过合同制招聘的方式,自行招聘专业社工。尽管没能询问到两家事业单位队伍建设方式发生变化的真实想法,但根据之前的访谈不难推想,民政事业单位的专业队伍正从外向依赖转向内生建设。社工队伍建设也可以体现民政事业单位社会化、专业化转型趋势,那就是从长远来看,福利事业单位将更依赖内部的专业人才。问题是,自聘社工专业独立性能不能跟传统行政化相适应,值得进一步跟踪研究。

对个案的研究发现,之前高校派驻的两批社工人员,合约到期后,基本都获得了新的工作身份,有的顺利考上市政府公务员,有的从事社会事务性行政工作。主要由于广州发展较快,选择职业机会较多,给专业社工提供了流动机会和多种发展可能,也给民政事业单位的专业化转型提供了选择空间。民政事业单位广泛引入社会工作人才,已成为广州民政事业单位社会化转型的主要方式。

三、实证个案社会化转型效果

广州 A 镇社会福利院、第 B 康复医院的个案调研访谈显示，对于政府事业单位和社会组织而言，试点探索取得了阶段成效。同时，社会福利事业社会化转型是新生事物，是一个系统工程，遇到难题在所难免，这就更有必要总结社会福利事业试点经验。

社会福利事业单位社会化转型过程中服务能力增强。这突出表现在服务对象数量增长上，A 镇社会福利院和第 B 康复医院均面向社会开放，招收自费服务对象。当前自费对象比例尽管不高，但是其社会效益和经济效益很明显，不但减轻了社会成员的家庭照顾负担，并且使得公益类社会福利事业单位得以拓宽资金来源。社会福利事业单位在国家全额拨款之外，新增的资金来源反过来可以增加服务设施，建设社工等专业服务队伍，改善供养服务条件，形成良性循环，从而实现多方共赢，缓解人口老龄化所带来的养老以及残障照料问题。

社会福利事业单位的服务质量在得到提升。通过两家事业单位个案访谈，可以发现，无论派驻社工、内设社工，还是单位负责人，对社会工作专业服务的必要性和效果都给予了肯定，其人本主义理念和关爱态度在工作中得到彰显。由于社工等社会力量的积极参与，被服务对象得到的不仅是吃、穿、住、医等基本生活照顾，更有心理辅导和精神抚慰，以及人际关系调适与社会生活能力的恢复。社会工作者的专业性和人本精神，对事业单位原有工作人员形成显著示范和影响，社会福利事业单位社会化转型过程中服务能力得到明显增强。

社会组织不断发展壮大。社会组织是社会福利事业社会化的重要伙伴，是整合社会工作服务资源和开展专业服务的重要平台。虽然个案调研发现社会组织运行中存在一些现实困难，但是社会组织得到锻炼成长也是不争的事实。社会福利事业单位的社会化转型，给成长阶段的社会组织提供了资源、项目等契机，促使社会组织成长，突出表现为，社会组织在项目开展过程中专业能力和项目管理经验得以增强，积累了跟政府部门沟通的技巧，社会组织品牌的社会影响力逐步扩大,这些又会跟转型中的社会福利单位一起,形成社会化的正效应。

社会化转型项目对全国的影响不断扩大。经过多阶段试点运行后,社会化转型试点项目取得的成效扩大了全国影响,很多加大了试点工作。对于老年服务方面,上海、北京和昆明等城市社会福利院提出寻求专业化社会资源的工作目标。对于残疾人服务方面,上海和成都等城市引入专业化社工,促进被服务对象身体康复和身心发展。各地政府虽然对社会事业单位社会化举措存在政策差异,但都表现出参与热情和积极行动。社会组织在社会福利事业单位社会化转型中不断成长壮大,日益成为福利事业社会化转型的中坚力量与政府合作伙伴。

第二节　普惠型社区福利服务实证研究

党领导的普惠型社会福利事业主要体现在,进一步扩大福利服务覆盖面,福利服务对象在保障特殊群体的基础上,惠及更多人民群众;福利目标不仅是保障基本生活,还要服务人的发展;福利服务质量不断改善等方面。这些既是从社会发展阶段条件出发,也是满足人民群众的美好生活向往。根据普惠福利的要求,党领导的社会福利事业从供养事业单位延伸到社区服务。普惠型社区福利服务的实证研究,选取上海黄浦区B社区个案进行调查分析,该社区早在1949年9月就成立居民福利委员会,在此基础上成立了上海第一个居委会。根据问卷调研分析,在重视供养事业单位的基础上,进一步改善和丰富社区福利服务,符合居民群众的福利需求。

一、普惠型社区福利服务个案介绍

B社区在中华人民共和国成立初期成立了上海第一个居委会,居委会的前身是B社区福利工作委员会。B社区位于金陵东路、福建南路、浙江南路和宁海东路之间。1949年后,新生的人民政权立足未稳,美蒋军机不时前来骚扰轰炸，敌对势力实行全面封锁，国民经济面临重重困难；地方残余流氓势力与国民党的散兵游勇相互勾结，治安混乱，地面坑坑洼洼，污水四溢。当时各种市政管理机构尚未建立，居民许多日常生活问题得不到解决。1949 年 7 月初，黄浦区开展户籍核对。第五办事处对 B 社区做了重点了解和核对，同时办理日常的户口变动工作，B 社区旧房损毁、漏雨、房租纠纷、停电断水等，给居民生活和基层管理带来困难。

针对在中华人民共和国成立初期社会福利服务的缺失，B 社区一批积极分子充分发动群众，依靠群众解决社区的实际问题。1949 年 12 月，B 社区选出 17 位工作委员会委员，正式成立了福利会，旨在“为居民谋福利”。每幢房子推选一名居民代表，5 名代表推举一名居民小组长，经过反复协商、民主选举，1949 年 12 月 10 日在居民小组长的基础上产生了福利工作委员会。福利会的干部主要由家庭妇女、在职职工、失业工人、工商业者及其家属、个体劳动者担任。福利会下设治安、卫生、文教组，根据每个委员的特点进行分工，委员们热情高涨，工作有声有色。B 社区福利会干部经常聚在一起协商社区事务，在各项运动中发挥了积极作用(参见图 4－1)。在福利会组织下，里弄面貌焕

图 4－1　1950 年代初 B 社区福利会干部定期在居民家中开会议事

(资料来源：上海市黄浦区档案馆)

然一新。干部、民警一起帮助居民打扫卫生、疏通阴沟、维修旧房。福利会大力宣传党的方针、政策,调动了群众的积极性;努力调解各类纠纷,深得群众拥护。福利会冬天组织冬防队,开展防火、防盗、防破坏活动,社会治安大为好转。福利会还推选出妇女代表,组织妇女和失学儿童开办识字班。

B社区福利会在社会上产生很大反响。1950年2月27日《文汇报》的报道说"这个里弄过去是贩毒、吸毒、强盗、妓女、赌棍、瘪三、流氓的天下。变了变了,现在这个里弄变了,它在冬防、清洁卫生、推销公债、反轰炸等运动中,都起了带头作用,给里弄组织工作,开拓了许多宝贵的经验。"同年6月28日,中央人民政府特派员视察了B社区,对福利会的工作予以了肯定。不久,B社区的活动还被拍成了电影,给福利会干部及居民极大的鼓舞。当时的上海市长陈毅很支持里弄组织,认为把无组织的里弄居民群众组织起来,是根据群众本身的要求组建的,不能看作一种交差的机关。1951年4月,B社区福利会改名为居民委员会,是中华人民共和国上海市第一个居委会(参见图4-2)。

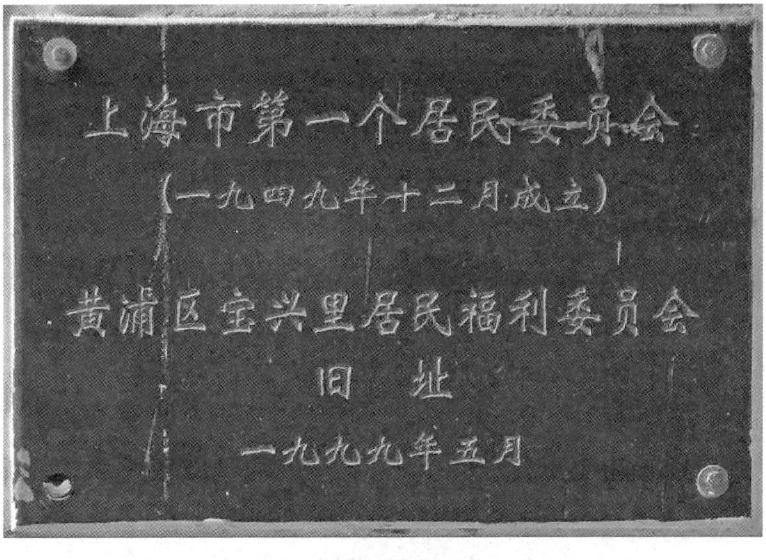

图4-2 上海市第一个居委会和居民福利委员会铭牌

(资料来源:上海黄浦区档案馆)

20世纪70年代,B社区300多户人家有子女上山下乡,社区居委干部经常到其中困难家庭走访,做动员慰问工作,并提供物质帮助。20世纪80年代,下乡知识青年纷纷返城，社区人口暴增，卫生问题十分突出，居委干部经常号召居民“消灭四害”，每周组织一次大扫除。居委干部带领家家户户出动，翻窨井、消毒、打杀虫剂。20世纪90年代以来，社区在居委干部组织下，共同关心困难家庭和残障人士，帮助其中生活难以自理的家庭买菜，过年送补助。进入21世纪，针对社区儿童托幼难等问题，居委会协调入托并组织形式多样的亲子活动。2010年上海世博会，B社区积极参与志愿服务，外来媳妇们也戴起了红袖章，参与世博会志愿者服务。

作为上海从福利委员会起步的第一个居委会，B社区具有优良福利服务传统，也积累了许多宝贵经验，作出了不可磨灭的贡献。进入新时代的B社区，各种服务设施明显老化，在周围鳞次栉比的高楼映衬下，它显得狭窄、陈旧。社区居民老龄化日益严重，本地和外来居民的融合居住，群众服务诉求众口难调，并非专业社工出身的居委会干部显得力不从心。如何适应高度老龄化要求，积极回应老人、儿童和残障人士福利服务，集中的福利供养机构服务当然是一个重要选项。但是，针对B社区的调研发现，更多居民群众希望福利服务延伸到社区，享受居家福利事业服务。

二、实证个案的居民社区福利需求调研

为了掌握居民群众的社区福利需求倾向，本研究通过向B社区居民发放问卷的方式进行调查研究。如前所述，B社区最突出的问题是社区深度老龄化所带来的养老问题，调查研究聚焦社区养老福利服务。有观点认为，社区老人之所以更愿意选择接受社区养老服务，不是因为排斥机构养老，而是对民办养老机构不信任。① 为得到更可信的结论，调研对公立养老机构和民办养老机构、机构养老和社区养老的不同态度进行对比分析，研究老年人社区福利需求的倾向。

针对老年人实际问题，调研组挑选会说沪语的人员，通过询问的方式，帮助被调查老人勾选问卷。

---

① 景军、吴涛、方静文：《福利多元主义的困境：中国养老机构面临的信任危机》，《人口与发展》2017年第5期。

(一) 民办养老院在老人中受到的关注度的确远低于公立养老院，而养老机构整体在老人中受到的关注度都比较低

在60—69岁的老人中，了解民办养老院的比例为27%，70—79岁老年人中的比例为22%，80岁及以上的老人中比例将为16%。不同年龄段的受访老人，了解民办养老院的程度存在较为明显差异，老人岁数越大，对民办养老院兴趣越低。相比较而言，老人对公立养老院更为关注，并且受年龄因素的影响不大，3个年龄组的受访老人了解公立养老院的比例是29%、27%和25%，对公立养老院了解普遍高于民办养老院。但是总体来说，无论是公立的还是民办性质的，养老机构在老人中受到的关注度都比较低(参见表4-1)。

表4-1　受访老人对养老院的了解关注情况

问题与选项	60—69岁	70—79岁	80岁以上
您了解公立养老院吗?			
了解/有些了解	45 (29%)	22 (27%)	16 (25%)
不了解	110 (71%)	58 (73%)	49 (75%)
合计	155 (100%)	80 (100%)	65 (100%)
您了解民营养老院吗?			
了解/有些了解	42 (27%)	18 (22%)	10 (16%)
不了解	113 (73%)	62 (78%)	55 (84%)
合计	155 (100%)	80 (100%)	65 (100%)

(二) 在养老院入住意愿选择上，民办养老院位居公立养老院之后，整体老人愿意选择养老机构养老的意愿都不太高

调研的60多岁老人中，如有必要，表示愿意去民营养老院的比例为20%；

70 多岁的老年人中这一比例是 21%；80 多岁的老年人中这一比例是 20%。老人表示必要时考虑入住到民办养老院的意愿，不同年龄阶段统计学差异不大。相比而言，60 多岁的老年人中，愿意到公立机构养老的比例是 27%；70 多岁的老年人这一比例为 28%；80 多岁的老年人中这一比例为 28%。相比较而言，受访老人表示必要时，愿意入住公立养老院的意愿明显强于入住民办养老院的意愿(参见表 4－2)。但是，即便在必要的情况下，受访老人中还是有过半表示不愿意入住养老机构，而愿意居家养老。

表 4－2　　受访老人入住养老院的意愿

问题与选项	60—69 岁	70—79 岁	80 岁以上
如果有必要是否愿意入住公立养老院			
愿意	42 (27%)	22 (28%)	18 (28%)
如果有必要是否愿意入住民营养老院			
愿意	31 (20%)	17 (21%)	13 (20%)
都不愿意	82 (53%)	41 (51%)	34 (52%)
合计	155 (100%)	80 (100%)	65 (100%)

(三) 民办养老院获得的信任总体低于公办养老院，但无论何种类型养老机构，在各年龄阶段的老人中，获得的好评都不超过 40%

60 多岁的老人中，选择民办养老院“比较好”的比例为 20%；在 70 多岁的老年人中这一比例为 25%；在 80 多岁的老人中这一比例为 27%。至于对公立养老院的评价，受访的 60 多岁的老人表示“比较好”的比例为 34%；70 多岁中这一比例为 38%；80 多岁中这一比例为 37%表示(参见表 4－3)。分析看来，老人对民办养老机构认可度低于公办养老机构，同时，总体来看，受访老人对机构养老方式认可度都比较低。

表 4-3 受访老人对养老院的认可评价

问题与选项	60—69 岁	70—79 岁	80 岁以上
您对公立养老院的总体印象如何?			
比较差	28 (18%)	15 (19%)	16 (24%)
一般	74 (48%)	35 (43%)	25 (39%)
比较好	53 (34%)	30 (38%)	24 (37%)
合计	155 (100%)	80 (100%)	65 (100%)
您对民营养老院的总体印象如何?			
比较差	34 (22%)	21 (26%)	18 (27%)
一般	90 (58%)	39 (49%)	29 (46%)
比较好	31 (20%)	20 (25%)	18 (27%)
合计	155 (100%)	80 (100%)	65 (100%)

综上所述,受访老人对养老机构关注不多,入住养老院的意愿不强,同时对养老院的评价不高。过半受访老人对养老院较差的评价,显示出更多老人社区居家养老的意愿。

老人对社区居家养老意愿更为强烈的原因何在?为了弥补问卷调查的不足,调查采取了访谈形式。

访谈(一) 为何考虑养老机构

在访谈发现,不少老人表示无法自理的时候,入住养老机构,但这种养老意愿具有某种无奈,大多是对子女的理解和对现实的妥协,而并非对养老机构的认可。一位 80 来岁的男性老人甲接受访谈,聊了自己的想法。

"不能自理了没有办法,子女也有自己的工作,他们没有时间,也没有那份耐心,只好去养老院等死。怎么说等死?养老院都在郊区,来回都不方便,子女也懒得去,住在一起的都是乱七八糟不能自理的老人,不是等死是什么?目前嘛身体还行,跟老伴互相照顾,住家里跟邻居有个照应,暂时不考虑入住养老院。"

访谈(二)　为何选择公立养老院

访谈发现,老人相对信任公立养老院,不以营利为目的,让老人放心。两位70多岁的男性老人乙、丙一起接受访谈。老人乙谈了自己的想法。

"要说哪家养老院最好,区康复医院隔壁那一家,区民政局办得最好,公立的,费用不高,离家近,设施也比较好,里面还可以碰到附近老邻居。就是那个公立养老院很难进去,你要有本地户籍,你慢慢排队,排3年、5年,等着等着,有的老死了,都进不去。民办的?花钱呗,盯着你口袋里的钱,不靠谱。"

另外一位老人丙在旁边做了补充。

"民办养老院动不动要4 000多元钱,我们企业退休的这些人,这点退休费去民办养老院真不够。民办养老院它再好也去不了,是咱钱不够,不是你愿意不愿意,还是社区养老靠谱。"

访谈(三)　为何不愿意去养老机构

在访谈过程中,老人屡屡提到愿意居家,不愿意入住养老机构。话题中多次聊到不信任,希望社区能够提供服务,因为社区都是比较了解的一些人,居委和社工的阿姨、小伙子和小姑娘,怎么说都是跑进跑出的身边人,社区服务让人信得过。其中,涉及不信任的事件和经历以及推想,被提及47次(参见表4-4)。其中,有关医疗服务提及13次,有关养老机构被提及8次,陈述反映出老人对社区福利服务的需求。

表4-4　　对养老机构不信任的主要原因

分　　类	频　次	典 型 原 因
对医疗服务的不信任	13	怕医生多开药,有意见不敢说,怕被报复
对养老机构的不信任	8	怕被骗,怕护工要红包,怕养老院倒闭
对电话推销的不信任	6	认为多数有诈骗的企图,骚扰频繁
对网络购物的不信任	6	对货物质量存疑,怀疑不熟悉的商家
对家政服务的不信任	4	担心被虐待,怕搞不好关系,怕多收费
对银行服务的不信任	3	担心卡号密码等个人信息流失
对其他事务的不信任	7	担忧食品安全或安装监控器会泄露隐私

老年人对由子女承担家庭养老事务,并没有寄予很大希望,甚至很少提到子女的养老责任,反而更多关注日常生活中的就医困难和突发事件。一位80多岁的女性老人接受了受访谈,这位老人所在的社区,由于各种原因,有的子女求学,有的工作分居,还有的子女国外定居等,大多数老年人处于空巢生活状态,他们对子女亲力亲为的养老方式基本没什么期待。对子女养老期待不多,这种态度在受访老年人中也都比较常见。他们更寄希望于政府,寄希望于社区福利服务。

"生病了医院怎么办?一日三顿吃饭怎么办?一个人呆坐着想东想西,日常这些事都是我们所关心的。更重要的还是生病了怎么办。哪一天住我楼上的阿婆,我没听到她家地板响声,那上面的她一个人就无声无息走了,独居的老人最害怕的就是这些。一起聊天的时候,有人就都说过了,我们这批老的一代,可能是最后孝顺父母的一代,同时也是被独生子女难以照顾的一代。道理是这样的,也不用说你孩子有没有这份孝心,不管能力如何,他的精力顾不过来。我们就只能自己想自己的办法,也希望政府想想办法,社区居委想想办法,给我们老人的日常生活多帮帮忙。"

三、实证个案的普惠型社区福利服务转向

B社区调查表明,机构福利拓展到社区福利,是老人的心愿,也是社会发展的必然趋势。一方面是尊重服务对象的体验,提升服务对象的生活品质,增强他们的生活能力,以使他们无障碍的获得生活资源,尽可能使其在接近正常生活的空间和环境里,过着接近正常的生活。同时,让服务对象在他所熟悉的社区环境和邻里关系中,有机会根据自身的能力扩大社会交往。另一方面是增强服务对象的普惠性,让更多社区居民享受各种福利服务,满足不同需求。[①] 以B社区为例,从机构照顾到机构供养与社区服务并行,凸显党领导的福利服务事业发生了普惠式转变,B社区以"邻里汇"为平台,整合各类社区服务资源,通过政府购买服务引进社会组织,加强政府和社会组织合作,提升社区福

① 赵环:《从"关闭医院"到"社区康复"——美国精神卫生领域"去机构化运动"的反思及启示》,《社会福利》2009年第7期。

利服务能力。

如何有效补齐和创新社区福利短板，整合各类社区服务资源，打造有温度的社区？B社区邻里汇项目。该项目自2016年启动至今，坚持“党委领导、政府主办、社会参与”的理念，按照步行15分钟服务圈范围，跨越街镇分界，社区居民能够享受到政务服务、生活服务、为老服务、健康服务、文化服务、体育服务、教育服务、法律服务、心理服务、志愿服务等10余类福利服务。B社区所在街区的邻里汇，被称为社区居民家门口的“党群站”“会客厅”“福利所”“便民点”，实现了“邻里汇、汇邻里，美好生活共同体”理念，向看得见的社区福利服务转化。

（一）B社区邻里汇社区福利服务因地制宜营造美好生活多种场景

其社区福利服务体现全方位服务，几乎包括从幼到老、从白天到黑夜、从动到静，考虑到居民群众日常事务、为老服务、文化、社会组织等多方面服务需求。邻里汇充分发挥区域化党建平台的优势，社区“邻里汇一条街”将社区教育、文化、卫生、幼托、为老、慈善、红十字和法律咨询等服务内容融为一体。B社区邻里汇也是社会组织发挥作用的平台，不同的社会组织在这里获得孵化、培育、成长，还结成了协作型的公益伙伴。

（二）B社区邻里汇社区福利服务建设家门口的党群站、会客厅、福利所、便民点

其一，构建家门口的“党群站”，搭建社区坚持党建引领、开展自治共治的平台，促使传统社区党建与区域化党建、新兴领域党建融合发展，党组织聚焦福利服务，提高资源统筹能力提升，培养群众自治能力；其二，构建家门口的“会客厅”，搭建服务平台，实现民诉对接、民愿反馈、民事调解进社区，构建居民文娱休闲活动、公共事务协商、邻里关系协调、法律服务对接的“公共客厅”；其三，构建家门口的“福利所”，根据B社区人口老龄化、高龄化的实际，回应日益增长的社区养老福利需求，B社区邻里汇重视养老服务功能，根据实际情况内设综合为老服务中心、长者照护之家、日间照护机构，为老人和残障人士提供助餐服务和户外活动支持，为儿童提供亲子教育和托幼服务；其四，构建家

门口的“便民点”,实现生活健康、文体法律和婚姻登记等各类民生服务的集成,同时结合社区本身的实际,通过社区服务加强沟通协作,激发社区活力。

(三) B社区邻里汇社区福利服务充分实现志愿服务最大价值

社区志愿服务本身就是民政福利服务的重点工作。B社区积极弘扬“奉献、友爱、互助、进步”的志愿精神,注重组织开展形式丰富多样的志愿服务活动,弘扬志愿服务文化。B社区逐步创新制度化治理、专业服务模式、不断完善的志愿服务机制等。同时以志愿服务项目为载体,深入研究社区居民对志愿服务的要求,系统规划一段时期、一定领域的志愿服务内容,增强针对性和有效性。在实践中,B社区附近的社会福利机构,还发挥资源优势,组织志愿者服务队支援和指导B社区养老服务和残障服务,福利机构资源有效向社区辐射和延伸。

(四) B社区邻里汇福利服务增进社区和谐

B社区设置的婚姻登记室,不仅将服务送到家门口,还重视婚姻作为家庭的起点,推出特色颁证活动及婚姻文化项目,在增强婚姻仪式感同时,提升了新人的家庭责任感。同时,B社区邻里汇还重视婚姻家庭危机干预,当邻里汇获知某些家庭婚姻亮起红灯,适时提供心理疏导、法律咨询服务。B社区在邻里汇组织下,活跃着一支绿色环境家庭主妇志愿者队伍,通过巧手匠心搞绿化,老旧小区“颜值”与“内涵”齐齐提升,社区迎来了绿意盎然的环境,社区福利服务和社会专业力量形成合力,成为和谐社区建设的重要力量。

B社区的福利事业服务变化是一面镜子,映照出上海社区福利服务转向的态势,也是党领导福利事业重视社区服务的缩影。

(一) 社区的福利服务目标从“以养为主”转变到“以人为本”

福利供养机构服务的目标“以养为主”,主要提供生活照顾,机构服务有其专业性,但是,统一化严格管理让人难以适应。老年人必须改变自己已有的生活习惯,适应养老机构管理的要求,这让老年人感觉不自由,没有“家”的感觉。因而,养老机构的管理无法满足新时代老年人的个性化需求。社区福利服务让老人在他所熟悉的环境和邻里人际关系中得到养老服务，体现出对老人意愿的尊重。社区福利服务通过整合社会福利资源，给老年人提供所需要的服务，使老年人可以继续在社区他所熟悉的环境中，保持原有的生活习惯，维持正常的社会交往，基本上延续老年人在社区里过正常的生活，避免了福利机构给老年人带来的陌生感、依赖感和孤独感，能够增强老年人生活独立性与自主性，在福利服务支持下提高生活质量。社区福利服务契合了中国传统的家庭观念和熟人社会，对于老龄化社区，可以真正体现老有所养、老有所医、老有所学、老有所乐、老有所为。

（二）政府从直接提供福利服务转变到提升社区福利服务功能上来

政府职能转变，不仅局限于福利机构投入，通过加大社区投入和社会力量激励，可以扩大社区福利覆盖范围，使更多社区居民享受普惠的服务。计划经济时期，政府通过民政部门的福利供养机构直接提供服务，由政府包办福利服务，排斥社会力量的参与。随着社会福利社会化政策的实施，民营福利机构作为新的力量参与福利服务供给，福利机构获得了较快发展。但机构福利面临着两难的困境，一方面，有限的福利供养机构，总量上无法满足日益增长的普惠性福利需求；另一方面，拿养老来说，调研显示老年人入住养老机构的意愿不太强烈，残疾人和困难儿童很多也希望居家得到便利服务。因此，在机构供养的基础上大力支持社区福利服务事业，体现出以人为本、依托社区、因地制宜和社会化方向。党领导的社会福利事业从 20 世纪 90 年代开始探索以社区养老为重点的社区福利服务，在社区养老模式中，政府由直接提供养老服务转变到以提升社区养老服务功能上来，政府对社区福利设施建设给予资金投入，购买社区居家养老服务，通过政策引导动员社区资源为居家老人提供服务。政府的责任向养老服务社会化方向转变。

（三）社区服务内容的转变

拿养老来说，社区福利服务由单一的生活照料，转变到满足老年人多样化与个性化的服务需求。老年人的养老需求包括生活照料、医疗护理和精神慰藉。全国老龄办 2008 年发布的《我国城市居家养老服务研究》显示，老年居民的社区服务需求呈现多样化的趋势,48.5%的老年人有这样那样的不同养老服务需求,其中,家政服务需要的占25.22%,护理服务的需要占18.04%,聊天解除孤独需要的占13.79%。① 而机构供养服务一般仅能解决老年人的生活照料,服务内容单一,服务质量不高,其他多种需求无法满足。提升社区福利服务能力,引入社会专业力量,可以通过居家的方式,为老年人提供生活照料、医疗保健、健身娱乐、心理疏导、法律咨询、参与社会等多样化的服务,能有效满足老年人多样性与个性化的养老需求,从而真正提升老年人的生活质量。

(四) 社区服务方式发生转变

对于社区居家享受服务的老年人来说,社区福利服务从机构的集中院舍供养,转变到可以在家得到服务照顾。机构养老有一套管理制度,老年人通常要服从规则的约束,入住的老人不自在,有孤单寂寞感,无法获得家人的精神慰藉和邻里的交往体验,心情往往比较苦闷。社区福利服务以家庭为核心,以社区为依托,通过社会化服务网络为居家老人提供养老支持,老年人居住在自己的家里,不离开所生活的社区就可以享受到所需要的服务。服务形式包括上门服务、包户服务、日间照料、机构住养、紧急援助等,服务方式多样化。只要符合政策规定,老人在家就可以享受政府购买的专业化福利服务,生活基本能自理的老人,可以自己到社区日间照料中心接受服务,参加各类社区活动,社区托老所可以为无人照顾的老人提供日托或短托照顾,这样,社区福利可以让各种需求各得其所。

第三节 新时代基层党建引领社区福利服务实证研究

党重视福利制度建设和福利经济支持的同时,更加重视基层党建引领社

---

① 黄一坤、许鑫:《从机构照顾到社区居家养老看我国老年福利服务政策的转变》,《东北大学学报》(社会科学版)2012年第6期。

区福利服务，这些都体现出党为满足人民群众多层次多样化福利需求的努力。实证研究选取深圳市C社区调研对象，通过比较C社区党群服务中心建立前后，社工机构开展活动的情况，研究党引领社区福利服务的有效做法和取得的阶段成效。

一、党建引领社区福利服务个案介绍

C社区成立于1998年6月，是深圳城市扩张形成的城中村社区。社区大约有600平方千米，有300栋左右民房。C社区总人口3万余人，其中本地户籍占总人口的11%，流动人口占总人口89%。社区外来务工租住人员较多，人口构成复杂，流动性大，人员素质参差不齐。

该社区存在着外来人口管理压力大、社区福利服务要求复杂等问题，这是专业社工开展福利服务的客观环境。为促进社区福利服务的发展，深圳市推进“社区服务平台”的创建和进一步完善，根据《深圳市社区服务“十二五”规划》的要求，每个社区服务站建立一个社区服务中心。在此背景下，C社区服务中心于2012年6月正式挂牌成立，随后C社工机构通过招投标获得社区服务中心的项目运营机会，承担社区福利服务等工作。C社工机构入驻已有7年多，期间还发生了社区治理结构变动，2017年，社区服务中心更名为社区党群服务中心，党组织加强了基层社区组织建设，这无疑是对C社区福利服务最具有影响力的调整，也成为考察基层党建引领社区福利服务及其所产生效应的一个典型样本。

C社工机构2012年通过招投标，获得为期5年的C社区服务中心项目运营服务包。运营开展后，C社工运营服务团队与C社区治理主体——社区工作站之间问题逐渐显现：C社工团队与社区原有治理主体存在矛盾，社工开展的服务处处受限；C社工团队无法得到社区原有治理主体支持，办公空间甚至被安排在社区狭窄的图书馆一角，难以跟居民建立互动关系；C社工团队工作热情受到制约，项目团队人员流失显著。

在党群服务中心之前的社区服务中心阶段（2012—2017年），C社工机构派驻的团队是社区福利服务的运营主体，团队与社区工作站、社区居委会等社区主体并列,相互之间看似平等地位,实则社工团队的项目处处遭受掣肘,难以形成社区服务合力。前5年的实践表明,C社工团队及其开展的工作未能有效融入原有社区服务体系。新一轮招投标之后,C社工机构2017年再次竞得C社区综合服务包,适逢深圳市社区服务体制迎来一次新的调整,原社区服务中心更名为社区党群服务中心,社区党群服务中心主任和第一责任人是社区综合党委书记,之前任职社区服务中心主任的社工也转变为社区党群服务中心新治理框架中的项目主管。从组织架构来看,貌似社区服务中心更名后,C社工机构在C社区治理架构中的地位降低了一层(C社工团队都要由社区书记领导),而从实践效果来看,反而能让C社工团队利用新型社区治理结构下的政治资源和专业优势,跟社区工作站和物业等主体,形成一种良好的互动关系,还通过基层党组织的一些社区服务活动,增强了群众联系,积累了群众基础,拥有更多便利服务的资源。

党群服务中心的阶段(2017年至今),C社工团队服务成效显现,并且通过专业活动争取了更大自主性空间,跟社区各个治理主体和居民等关系更为融洽。C社工团队开展社区福利服务的两个阶段,正是基层党建引领社区服务的前后不同时期,两个阶段的两种治理效果,揭示出党领导社区服务的不同治理逻辑。

二、实证个案的党建引领社会福利服务背景

在社区服务中心阶段,C社工机构看上去与多个社区主体是平等的,然而,看似平等的治理主体关系,潜藏着深层次的非合作因素,导致实践中的C社工团队难以在社区开展福利服务等方方面面工作。

社区服务中心时期,C专业社工团队试图融入原有社区服务体制,实际上,由于传统社区服务体制较强的行政路径依赖,传统治理主体难以调试跟新生专业社工的关系,更谈不上共存、共生和共赢。反而原有体制的治理主体对C社工团队采取排斥策略,C社工机构处处受到挤压。

C社区团队成员工作体验很是不舒服,难以获得价值感和存在感,成员稳定性弱、流动性大,无法完成《深圳市社区服务中心设置运营标准》中规定的人

员配置要求。队伍得不到充实，实习生顶岗现象时有发生，专业化水平和整体能力大打折扣，反过来更容易遭到传统主体的轻视和排挤。C社工团队在C社区服务的前一阶段，作为团队主管的社区中心主任变动频繁，社工和实习生一批接连一批，来了又走，几个月就换了一轮新面孔。这种状况引起社区工作站不满，工作站对C社区团队始终认同感不高、满意度较低。同时，居民与不断更换新面孔的社工团队无法产生信任，也对社工工作缺乏支持和好评。

C社工团队受斥式发展局面，未获得生存和工作开展的空间，更依附和顺从于社区工作站的意志，处于寄人篱下的尴尬境地。根据访谈C社工团队骨干H，得知社区工作站的影响力始终凌驾于C社工团队运营的服务中心，导致C社工团队在决策上缺乏话语权、资源上依靠社区工作站、行动上缺乏自主空间等。社工H，男，本科社工专业毕业，是团队中为数不多经历了前后两个阶段的社工骨干。

（一）决策上缺乏话语权

在框架关系上，C社工团队运营的社区服务中心与社区工作站、居委会、街道办之间是平等合作关系，彼此必须互相支持、资源共享，才能推进社区福利服务发展。但由于社区服务中心项目协议并没有明确界定主体管理权限，也由于传统管理体制与新生社工新事物之间的合作摩擦，导致工作站一方面干涉C社工团队的服务，甚至限定社工的服务范围、服务指标和外出工作的时长等；另一方面还插手C社工团队内部管理，随意改变社工团队的办公场地，施压解雇看不顺眼的社工等，使C社工团队开展工作处处被动。H社工访谈过程中回顾了当时情况。

“2015年初，工作站借故将C社工团队运营的社区服务中心的办公场地，从宽敞的工作站办公楼，搬迁到狭小的社区图书馆，场地不足10平方米，社工团队没有足以开展活动的场所，稍大一点的活动只能找工作站协商使用大楼场地，都须经过工作站的同意。每次沟通都有不愉快，C社工团队后来半年都没有搞过大型活动。这当然无法让社区居民满意，也难得开展有成效的福利服务。”

(二)资源上依附行政主体

C社工团队开展社区福利服务,离不开工作站与居委会等行政主体、社区居民等资源,如果不能有效整合这些资源,就无法提供满意的社区福利服务。党群服务中心之前的阶段,C社工团队争取资源都非常困难,主要由于这些体制内的资源是跟社区工作站对接,而工作站不愿意积极支持C社工团队。H社工在访谈过程中回顾了社区老人福利服务的情况。

“为老年人进行福利服务,社工往往是需要跟老年人协会等组织的负责人建立良好的关系,才能取得联系,得到相关支持。工作站实质上是社区工作的总管,社工老年人福利服务活动的开展,都需要得到社区工作站站长的支持和同意,才能跟老年协会等组织建立顺畅联系,所以这些服务工作的开展往往都依附于社区工作站。社区服务站大楼的会场是社区开展大型活动的主要场所,亲子活动等都必须使用这个地方,但是配备和管理都掌握在工作站手里,每逢使用都必须向工作站申请,多半时候都不太顺利,甚至会借口时间冲突而拒绝场地支持。”

(三)行动上缺乏自主空间

社区服务中心时期,社区服务中心运作的话语权都掌握在工作站手里,C社工团队失去了话语权,在社区福利服务实践中也没有行动的自主空间。复杂的传统行政关系限制了专业社工在社区有效实践,H社工在访谈过程中回顾了C社工团队当时开展福利服务的尴尬处境。

“那个时候社工运营社区服务中心很苦很累。先开展一些活动,要找工作站、居委会申请;争取活动资金方面,得先经过工作站站长同意,才可以前往街道申请,很多精力都耗在这里面。还有很多努力都是无功而返,C社工团队的实习社工,曾尝试过邀请社区老年协会成员来参加养老福利公益活动,结果由于没有工作站的沟通,被该成员拒绝。联系附近的养老福利院,过来帮老人讲解季节健身知识,也是因为工作站迟迟不答应提供场地,只好取消。”

社区服务中心时期,C社工团队跟社区传统治理主体的疏离,使社工始终难以有效融入社区治理的网络,专业社工难以落地社区进而提供有效的福利服务，处于被边缘化的无奈境地，专业优势反而成了开展工作的劣势，只能被动被支配，无法发挥应有的作用。H社工接受访谈时，仍然满脸无奈。

“只有工作站需要我们的时候，他们找我们帮忙，我们都要有求必应。我们想要找他们帮忙，基本都是不可能的。并且工作站需要我们帮忙的时候，都是吆五喝六，我们啥脾气也不能发，在他们眼里，我们就该接受他们安排，我们就是听他们指挥干活的。”

在社区居民眼中，C社工团队就是社区工作站招募过来的“义工”，得不到居民应有的尊重。由于社工团队流动性大，很多新面孔并不熟悉社区居民，也不具有开展福利服务的资源，居民对C社工团队的评价也不高。这些都是社区党建引领社区福利服务的现实情境，社区党群服务中心成立后，社区福利服务发展态势出现明显向好变化，侧面证明开创党建引领社区服务的现实意义。

三、实证个案的党建引领社区福利服务新局面

2016年深圳市要求社区服务中心加挂“党群”字样，将社区服务中心调整为社区党群服务中心。2017年C社区服务中心也更名为社区党群服务中心，中心必须配备党员社工，发挥社区党委的核心领导作用，塑造基层党组织积极服务群众的形象。社区党群服务中心，是在社区综合党委的领导下，整合社区多方面力量，积极建设符合居民需求的社区福利服务等综合性社区服务平台。社区治理结构的调整，对原有社区治理主体间的关系带来了明显改变。看上去C社工团队地位降低了，但是领导与被领导的关系，也构成支持与被支持的关系，为C社工团队带来了更多资源，为专业社工的服务工作发展创造了新的可能，更有利于发挥C社工团队的专业优势和存在价值。

（一）党建核心引领社区福利服务转变

专业社会工作作为社区的新生事物，参与到社区服务中需要合法的身份和地位，深圳市社区治理结构的调整，使得C社工项目团队和社区工作站、社区居委会等共同纳入社区党群服务中心的架构当中，由社区综合党委书记进行统一领导和管理，实质上体现的是党的整合能力，表明党的整合能力通过治

理创新而得到了保障。这种调整为社工机构在社区治理中开展工作,提供了新的契机。

在C社区服务中心更名为C社区党群服务中心之前,C社工团队运行的社区服务中心,名义上跟社区工作站、居委会是平等的,实际上是一种不明不白的不平等关系,C社工团队处处受制于社区工作站,专业工作空间被挤压。更名为党群服务中心之后,也就是基层党组织发挥社区治理的整合功能,社区综合党委书记在居于社区治理中的核心领导地位,并从制度上确定了C社区党委书记(社区工作站站长)与C社工机构的项目团队之间的领导与被领导关系,层级关系明确,互相之间也没有猜忌和较量。C社工团队在一定程度上,取得了跟居委会等差不多的地位,算是加入了"准体制"。这种"准体制"所带来的合法性,有利于C社工团队在社区中获得普通居民、服务对象、社区工作人员等主体的认同与信任,更有利于社工团队获得社区福利服务所需要的自主空间。在这样的背景下,C社工机构在党群服务中心阶段,由于社区治理结构的调整,社工团队在社区治理和福利服务中获得了更多施展机会。H社工在访谈时语调稍显轻松,介绍目前工作开展的情况。

"我们再次获得招标机会进来后不久,社区党群服务中心成立,社区架构和干部也作了调整,原来的站长调走了,社区党群服务团队也换了一批人。我们就变成两拨新人一起为社区服务,而且都在党群书记的领导下,为社区居民福利服务,更有利于我们处理关系,一起摸索改进社区福利服务和各种综合服务。"

(二) 专业社工获得社区服务自主性

在社区治理结构调整的背景与社区情境下,C社工机构通过专业服务获得社会认同,并建立与C社区党委(工作站)的积极互动关系,重新获取居民的信任,拓展专业服务自主性,从而在社区福利服务中发挥积极作用,体现出专业社工负责社区福利服务的策略性转向。

在党群服务中心初期,C社工团队就开展社区调研和讨论,逐步确定了社区服务的重点需求和主要内容,注重与社区综合党委、社区居民等建立良好的关系,通过搭建社区综合服务平台和服务空间,积极完善社区服务体系,以更好地服务社区各类群体。在与社区党群服务中心理顺关系基础上，C社工团队创造机会让社区居民认识和了解社工，整个工作更加顺畅，更加自信，也更加自主。H社工接受访谈时，对目前的工作情况颇为乐观。

“我们也在想办法获得居民认可，找到我们专业化的位置。有一段时间，我们在小区绿地旁摆摊搞活动，做一些能吸引居民的服务，慢慢让居民了解我们，熟悉我们，我们也要积累群众基础。通过活动，让居民加入我们的服务微信群里面，然后逐渐将我们介绍给他们，让他们认识社工，我们也可以在群里得到居民的反馈，了解居民各种服务需要，进一步去推进我们的专业服务。在做这些服务的时候，我们有过很多困境，但是有党群服务中心的领导支持，我们也链接了更多资源，去把这个服务进一步做好。”

综上所述，在社区党群服务中心时期，党的核心引领重新优化了社区治理结构，导致看上去作为下属的社工团队实际上获得了更大的专业发挥契机和空间。社工团队与社区其他主体之间的关系较为积极。背后的机理在于：一是从社区治理结构转变来看，从平行主体到党组织整合的逻辑演化，为社工机构进一步参与社区治理提供了合法性空间和结构性位置，促进了社会工作参与社区治理的结构优化。二是从社工团队自身角度来看，社工需要在外部制度空间中提升专业自主性，通过策略性行动和契合社区实际的各种实践智慧，与复杂的街区权力关系进行更好的互动。

第五章　中华人民共和国成立以来党对社会福利事业的领导经验

运用党和社会的分析框架，通过理论分析和实证研究，总结中华人民共和国成立以来党对社会福利事业的领导经验，启示我们，必须发挥党在社会福利事业中的核心领导作用，发挥党整合资源和服务社会的功能；必须始终为人民服务，创新党领导社会福利事业的理念；必须善于调整党的领导，改进党领导社会福利事业的方式；必须重视社区服务，通过基层党建引领社会福利事业发展；必须重视动员社会，激励多方力量广泛参与社会福利事业。

第一节　发挥党在社会福利事业中的核心领导作用

坚持中国共产党的领导是中国特色社会主义制度的最大优势，同时也是社会福利制度的最大优势。中国共产党是中国特色社会主义事业的坚强领导核心，更是社会福利事业的领导核心。在我国的社会福利事业建设进程中，党不断顺应社会发展形势，厘清党在社会福利事业中的角色定位，改进党的领导方式，发挥领导核心作用，这是我国社会福利事业取得巨大进展的重要影响因素。

一、明确党在社会福利事业中的角色定位

中华人民共和国社会福利体系在计划经济时期开始建立，党领导的社会福利建设主要服务于“抓革命、促生产”双中心任务。① 国家高度集权是我国计划经济时期的典型特征。就社会福利领域而言，国家是社会福利的直接责任主体，由中央财政统一划拨福利经费，向社会成员提供所需的福利产品及待遇。在实现“抓革命、促生产”双中心任务过程中，为了体现公平，社会福利制度实行全面保障。计划经济时期党领导的社会福利制度包括三个部分：一是城镇职工的单位福利，直接提供者是国家机关和企事业单位，服务对象是本单位职工，有劳动保险、生活服务与文化娱乐和福利补贴等；二是城镇民政福利，直接提供者是各级政府和民政部门，服务对象是城镇无经济收入和生活无人照料的老年人、残疾人和孤儿等特殊群体，有生活供养、疾病康复和文化教育等；三是农村的社会福利，由农村集体组织统包统管，主要是面向“五保户”等特殊人群，实行农村五保供养，即保吃、保穿、保住、保医、保葬等。计划经济时期的三大社会福利，作为“抓革命、促生产”的工具，统一由国家负责，中央财政拨款，单位实行包办，具有纯公益性的特点。党在这一时期是社会生活的全面组织者，是社会福利的提供者。

改革开放以来，党领导的市场经济改革突出解放和发展社会生产力。社会福利制度改革伴随经济体制的改革呼之欲出，社会福利的重点转向服务于经济建设。社会福利制度成为提高人民生活水平的手段，市场化改革的进程逐渐加快。此时党和国家已经不能完全承担起提供全部社会福利产品与服务的责任，在这种情况下要求企业和个人进行分担，同时鼓励社会各界成员与组织的参与，齐心协力推动社会福利社会化的发展。1985 年前后，我国的社会福利事业在一系列改革措施颁布实施之后发生转变，社会福利不再是原来的仅仅依靠党和政府，而是由国家、集体和个人一起，面向社会各界，兴办多种多样

① 汪青松：《八大路线与党在社会主义初级阶段的基本路线》，《当代中国史研究》1997 年第 3 期。

的社会福利事业。[①] 随着社会福利事业多年的改革发展,党在社会福利事业中的定位更加明晰,更好地发挥其领导核心作用,协调多方利益,引领社会福利事业发展。

(一) 领导者

其中包括党确保社会福利事业沿着正确的政治方向前进,引导社会福利事业符合社会主义核心价值观的要求,从而保障在社会福利事业中最广大人民的根本利益,让人民获得实实在在的福利。党在社会福利事业建设过程中,努力为每一位有需要的成员提供福利,解决各类问题,从宏观上把握全体群众需求,微观上深入基层,领导各方力量,制定可行的规划体系。[②] 在社会福利事业的顶层设计中,党始终发挥领导作用,不断加强社会福利事业的核心理念、战略部署、体系建设以及制度规划。在各项方针政策的落实推进中,基层党组织发挥其作用,组织社会福利方案的实施,在实践中贯彻党的指示,落实中央有关社会福利事业的政策和精神,沿着党的发展思路和方向推进社会福利事业的建设。带领多元主体为人民提供社会福利,协调各主体以及发展进程中的矛盾,处理社会福利事业发展中所面临的难题。党的核心职能是通过在思想上、政治上和组织上加强领导,不断领导社会福利事业的发展和进步。

(二) 协调者

近年来,我国对民生福利领域愈加关注,不仅对公共事业及社会保障增加了支持力度,在社会福利及社会服务方面也不断加大支出。在我国把民生福利作为社会建设重点的背景下,这个时期的社会福利目标也随之转移到民生权益的保障上。保障民生权益就要求做到社会福利向社会化发展,不仅包括福利主体的多元参与,还应该包括服务对象的普及化以及福利资源的社会化等。福利主体的多元参与意味着社会福利不能局限于党这个单一的主体,而

---

① 严运楼:《中国共产党社会福利建设史》,上海交通大学出版社 2018 年版,第 55 页。
② 关信平:《社会政策概论》,高等教育出版社 2014 年版,第 81 页。

应该由国家、社会、市场、社会组织甚至广大人民群众共同参与，这就要求党的角色做出相应调整，适当分散责任但绝非推卸责任。社会福利主体的多元参与依赖于社会化合作机制的建立，这也就要求在国家、市场、社区及第三部门之间进行合理的福利分工与有效的协作。在社会福利事业的多元主体结构中，党组织承担起协调者的职能，运用其拥有的政治资源和组织资源协调和规范各方主体的行动。所谓"协调"，就是要实现党组织与其他社会福利各主体的沟通、协作，实现共赢。① 党组织在领导社会福利事业的过程中协调各类组织在社会福利体系中的行动，协调主体之间的关系，把它们整合为推进社会福利事业的合力。在与政府的关系中，逐渐理清权责边界，充分尊重政府处理政务的权力；在与社会组织的关系中，积极培育、支持和正确引导社会组织在社会福利事业中发挥协同作用；在与社会公众的关系中，积极引导公众参与社会福利事业，着眼于解决群众的切实利益需要。②

（三）保障者

党在社会福利中的另一个重要功能是提供保障。党领导广大人民群众的前提和基本任务是保障社会安定，确保人民的安全。中华人民共和国建国以来，党组织通过沟通协调各种社会利益需求，及时地处理社会矛盾，维护社会稳定。与此同时，社会福利制度也需要党的支持和维护，来确保其沿着正确的道路前进。虽然多主体参与是一种平等互动的运行机制，但这种机制的健康运行需要强大主体的保障；党组织发挥了这种作用，使多主体的责任得以履行，充分发挥了"查漏补缺"的政治灵活性，构建了"政府和社会组织职能缺位时，党组织自动补位"的社会福利模式。③ 此外，当代社会福利是一个庞大的公共行动体系，需要大量的公共资源来支持，党为社会福利事业提供了资源保障，充分调动人力物力以及组织等资源。

---

①　徐迪：《社会治理创新视域下基层服务型党组织建设研究》，博士学位论文，东北师范大学，2015 年。

②　沈筱芳：《党的领导与基层社会治理研究》，中共中央党校，2017 年。

③　祝灵君：《基层党组织在社会管理创新中应有大作为》，《学习时报》2011 年 9 月 12 日第 5 版。

二、强化党组织的社会福利事业引领功能

(一) 党的领导方式日益科学化

党的领导方式,“是指政党率领、引导人民群众、社会组织实现党的特定目标的形式、方法、手段的总称”。① 党在领导社会福利事业中充分发挥领导核心作用,通过不断改善领导方式引领社会福利事业。

党组织根据困难群体对保障社会福利的期盼,不断在新的历史条件和环境下作出新的社会福利事业安排,同时不断优化、调整、创新社会福利制度结构,以适应经济社会的发展。社会福利事业的改革和发展,不但适应解决社会问题的需要,而且不断增强各项制度和政策落实的力度和效果,更为重要的是,自觉顺应和服从经济社会发展的大局和长远目标,把社会福利事业的发展放到国家整体改革发展的框架下进行谋划与推动,保持发展的适应性和协调性。② 按照这样的领导原则,党不断创新和改善领导方式。计划经济时期,党建立了统一的国家单位和个人社会管理制度。在这一制度下,建立了高度集中、包揽一切的福利事业提供模式。而顺应市场化的改革和利益关系多样化的趋势,党更多地运用代表、协调、服务等方式,以动员多元主体参与协商解决问题,依靠赢得公众的信任拥护进行党的治理活动。

(二) 党领导的干部队伍素质不断提高

党的干部队伍的理念和能力素质直接影响着党的形象和社会福利事业的成效。充分发挥党在社会福利事业中的领导核心地位,主要体现在党领导正确的政治方向和加强中国特色社会主义伟大事业的政治职能上。党的十八大以来,通过深入开展群众路线教育和实践活动,开展“三严三实”专题教育,开展“两学一用”学习教育,赢得了人民的信任和支持。党不断教育和引导党员干部牢固树立全心全意为人民服务的宗旨意识和马克思主义群众观,改进工

① 高新民、农华西:《论党的领导方式和执政方式》,广西人民出版社 2003 年版,第 3 页。
② 江志强:《民政转型发展研究》,中国社会出版社 2017 年版,第 2 页。

作作风，增强为人民服务的能力。另外，党注重通过培训提高相关工作人员的工作能力和整体素质，提高党性。设置定期培训进修制度，利用丰富的培训内容和完善的干部教育培训体系，利用党校培训、普通高校专业培训、定期走访、交流讨论、相互学习等多种教育方式，进一步加强基层党员干部对执政理念的深刻理解和掌握。① 在社会福利事业建设方面，党员干部创新能力和服务意识明显提升。党员先锋模范作用进一步增强，党员在社会福利事业中的言行都代表着党的人民为本的执政理念。党在多年的社会福利事业建设中，通过开展各种教育培训活动，以党的认识引领社会大众的认识，以党的行动引领社会大众的积极参与，通过宣传党的方针路线，在社会福利事业中建设党成为坚不可摧的战斗城堡。

三、完善党对社会福利事业的统一领导

社会福利事业是中国特色社会事业的重要组成部分，社会福利事业的发展与社会变迁密切相关。这项工程需要发挥党谋划全局和长远规划的作用，加强党对社会福利事业的统一领导。

（一）党统一思想引领社会福利事业进程

党引领社会各界形成关于社会福利事业的统一思想认识，理论思想的统一保障社会福利事业平稳运行，提升社会福利水平。党发挥统揽全局的作用，引导对社会福利事业的理论研究和规律探究，在对社会福利事业新理论、新认识、新目标达成共识的基础上，全面引导推动我国的社会福利事业实践。对于社会福利事业中出现的不合时宜甚至是错误的认识、观念，及时予以纠正，加以正确引导。改革开放以来，我国的社会福利逐步由"工具"向"权益"理念转变，党的重要政策的变化，体现了社会福利"权益"理念在福利社会事业中的具体体现。党的十六届三中全会明确坚持以人为本的"科学发展观"，这一重大战略思想以人民的根本利益为出发点，以实现人的全面发展为目标，保障了人

① 沈筱芳：《党的领导与基层社会治理研究》，博士学位论文，中共中央党校，2017 年。

民的经济、政治和文化权益。在这之后,社会福利社会化在我国开始逐步推行,社会福利事业建设积极动员政府、集体、个人一起参与,不断加大政府投资,并且努力探索新途径,鼓励社会各方投资与资助。中共十八届三中全会在社会福利及相关领域中做的决定,解决了基本的民生方面的问题,促进了我国社会保障的健康发展。除此之外,第三部门参与社会福利服务的提供,使国家和政府不再是社会福利的唯一主体,但这并没有影响党在社会福利制度建设和发展中的主导地位,而是更加优化现行社会福利制度的顶层设计,提高更高层次的福利供给效率。此后,中国社会福利事业进入了一个新的发展阶段,通过福利领域的不断改革和创新,顶层设计得到加强,以实现可持续的社会福利,确保公平,并进一步完善社会福利体系。中共十八届六中全会的召开,更加深刻地体现了人民为本的理念。由此可见,我国人民为本的社会福利理念在不同的阶段都得以明显体现并在逐步加深。总之,自改革开放至今,不可否认,我国的社会福利改革与变迁一直围绕着社会经济建设。从党的历届重大会议,特别是以十六届五中全会提出的四位一体的社会建设为节点可以看出,在我国面临着快速社会转型以及社会主要矛盾急剧变化的过程中,不容回避的是,人民为本理念认识不断深化并得以重视,社会福利权益理念也通过各种改善民生和促进社会稳定的社会政策形式愈加突出,党将社会建设放在了和经济建设同等重要的位置。①

(二)党统一标准推进社会福利事业前进

为确保社会福利事业提供的服务质量,最关键的措施是制定和实施严格的建设标准和服务标准。2016年,民政部和国家标准化管理委员会启动了国家民政标准化"十三五"规划,提出到2020年建立结构合理、功能齐全、各业务领域高效运行的标准体系,为社会福利工作提供有力支持。社会福利标准的制定是一项长期而复杂的系统工程。党从基础理论研究入手,建立了社会福利法制、业务推进和社会福利标准化协调发展的机制。把民政实践研究的成功经验和成果转化为国家标准和行业标准,促进事业发展、科技研发和标准研

① 严运楼:《中国共产党社会福利建设史》,上海交通大学出版社2018年版,第55页。

发的一体化发展。①

党统一行动推动社会福利事业发展。步调一致方能齐心协力克服困难，党领导核心的战略位置，决定了党应该承担起把握全局、协调各方资源的责任，带领全国人民共建美好未来。在社会福利事业建设中，当首先发挥总揽全局的作用，统一各方行动，合理分配资源，克服薄弱环节中的困难，推动社会福利事业按计划进行。切实加强党对社会福利事业的统一领导，党的领导的规划性得以加强，着眼社会的长远发展，对未来较长时期的整体发展战略进行设计和安排，制定推进社会福利事业的分层次规划以及每一阶段所要到达的目标计划，引领社会福利事业按预定轨道和程序运行；加强了党的领导的组织性，着眼整体推进，在全面深化改革中统合各社会福利事业组织的力量，统合各类社会资源，在统一框架内加以科学合理的调配，组织人力、组织资源推动社会福利事业的全面协调高效运转。②

第二节　创新党领导社会福利事业的理念

中华人民共和国成立以来党特别善于根据历史条件和人民群众福利诉求，创新党领导社会福利事业的理念。党领导社会福利理念的历史演进，比较明显体现在历次党代会报告或相关全会公告文本以及政策文件中，从中可以梳理出比较清晰的脉络。从十一届三中全会到十九届三中全会，中国共产党召开了 8 次全国代表大会、59 次全会。历次全国代表大会都对过去 5 年的工作进行全面总结，对未来 5 年的工作进行战略部署。党的三中全会、五中全会一般讨论经济社会发展和未来 5 年规划，对社会福利都有所提及，尽管表述方式和重视程度上有所差异。十一届三中全会开启改革开放的大幕，会议强调"全党把工作着重点转移到社会主义现代化建设上来""城乡人民的生活必须在生产发展的基础上逐步改善"，党的工作重点在于拨乱反正并集中力量搞经

---

① 江志强：《民政转型发展研究》，中国社会出版社 2017 年版，第 239 页。
② 沈筱芳：《党的领导与基层社会治理研究》，博士学位论文，中共中央党校，2017 年。

济建设,改革开放初期党代会与党的全会关于社会福利直接表述不多,“社会保障”的概念虽然已经开始出现,但更多的提法是“改善人民生活水平”;党的十四大明确市场经济体制改革目标,主要从经济建设和经济体制改革角度关注社会福利,“社会保障”概念使用更加频繁,内容阐述逐渐丰富;党的十七大提出社会主义建设事业总体布局从“三位”发展到“四位一体”,党高度重视社会建设,党的全会专章阐述“以改善民生为重点的社会建设”,党对社会福利的重视提高到新的高度。本书以党的十四大、党的十七大为划分界限,将改革开放以来党领导的社会福利划分为3个阶段。从党的社会福利理念及其演进来看,十一届三中全会至十四大前中国共产党秉持社会福利生产理念,福利依托于生产建设单位,构建集体福利;十四大至十七大前中国共产党秉持社会福利补缺理念,福利为经济体制改革和社会稳定服务,构建社会福利;十七大以来中国共产党秉持福利和谐理念,福利回归社会建设,构建普惠福利。

一、依托单位的社会福利生产理念

福利生产的领导理念集中体现于十一届三中全会至十四大前中国共产党有关社会福利的论述。党的十一届三中全会开启中国改革开放新纪元。1978年12月召开的十一届三中全会,决定全党的工作重点转移到社会主义现代化建设上来,着手进行经济管理体制改革,积极加强同世界各国平等互利合作,努力促进生产迅速发展,鼓励在生产发展的基础上改善人民生活,妥善解决多年积累的一系列人民生活问题。党的领导人强调:“全国几十万个企业,几百万个生产队都开动脑筋,能够增加多少财富啊!为国家创造财富多,个人的收入就应该多一些,集体福利就应该搞得好一些。”①这也奠定了改革开放以后相当长一段时间党的社会福利理念的基调,即依靠单位或集体生产发展来改善福利,社会福利服从和服务于经济发展这个中心。这一阶段党秉持的主要是集体福利理念,福利状况决定于所在单位或农村集体的收支状况。当时城镇仍然延续职工或家属劳保福利,福利是否能够兑现或者水平如何,决定于单位

① 《邓小平文选》(第2卷),人民出版社1994年版,第146页。

的绩效，部分收不抵支的单位难以兑现职工或家属医疗报销等福利承诺。农村实施的主要是合作医疗和“五保”等农村集体福利，福利水平较低甚至福利缺失。

明确共同富裕的社会福利目标。尽管当年福利水平较低、福利问题较多，但是中国共产党并没有放弃对福利的追求，始终强调福利的社会主义属性。邓小平提出“贫穷不是社会主义”等一系列当代马克思主义新论断，①深刻促进了时代发展变迁和人民群众福利改善。十一届三中全会以后，农村政策给农民松绑，对农民让利，城镇陆续推进改革开放，城乡解放了生产力，发展了生产力，激发了群众改善福利的积极性。党的领导人主张：“要允许一部分地区、一部分企业、一部分工人农民，由于辛勤努力成绩大而收入先多一些，生活先好起来。一部分人生活先好起来，就必然产生极大的示范力量，影响左邻右舍，带动其他地区、其他单位的人们向他们学习。”②先富带后富，最终走向共同富裕道路，成为中国共产党人追求的福利目标。

确立小康社会和“三步走”社会福利战略。小康社会和“三步走”既是人民生活改善战略，也是中国共产党为人民谋福利的战略。党的领导人在 1979 年 12 月会见日本大平正芳首相时，提出“小康”的概念，对福利建设影响巨大。③十二大开幕词首次提出“建设有中国特色的社会主义”这一崭新的时代命题，强调“核心是经济建设，它是解决国际国内问题的基础。”“十二大提出的奋斗目标，是二十年翻两番。二十年是从一九八一年算起，到本世纪末。大体上分两步走，前十年打好基础，后十年高速发展。战略重点，一是农业，二是能源和交通，三是教育和科技。”④这也就是说，在 2000 年之前，国家的基本国策、发展战略的重点是在农业、能源和交通、教育和科技领域。党的十三大确立的社会主义初级阶段的基本路线，强调以经济建设为中心，只有经济搞好了，福利事业才有发展的基础。党的十三大从社会主义初级阶段理论出发，将十二大提出的经济发展战略部署作了进一步丰富和发展，提出了三步走的发展战略：

---

① 《邓小平文选》(第 2 卷)，人民出版社 1994 年版，第 223 页。
② 《邓小平文选》(第 2 卷)，人民出版社 1994 年版，第 152 页。
③ 《邓小平文选》(第 2 卷)，人民出版社 1994 年版，第 237 页。
④ 《邓小平文选》(第 3 卷)，人民出版社 1993 年版，第 9 页。

第一步是到20世纪80年代末，实现国民生产总值比1980年翻一番，解决人民的温饱问题；第二步是到20世纪末，使国民生产总值再增长一倍，人民生活达到小康水平；第三步到下个世纪中叶，人均国民生产总值达到中等发达国家水平，人民生活比较富裕，基本实现现代化。这“三步走”的战略中，都将民生问题放到了重要的位置。到2000年底，我国初步建立了社会主义市场经济体制，完成了翻两番的目标之后，人民生活水平总体上实现了小康。

提出“社会福利”“社会保障”等制度概念。1985年9月中国共产党十二届中央委员会第四次全体会议公报《中共中央关于制定国民经济和社会发展第七个五年计划的建议》中第一次清晰而明确地提出了“社会保障”概念，将我国社会保险制度、社会福利、社会救济、优抚工作等社会保障性质的制度统一并归于社会保障体系。此前，我国官方和老百姓一直沿用“劳保”这一称谓，“劳保”一词则是“劳动保险”的简称。

二、为市场经济体制改革服务的社会福利补缺理念

党的社会福利补缺领导理念集中体现于十四大至十七大前中国共产党有关社会福利的论述。党的十四大明确经济体制改革的目标，是建立社会主义市场经济体制，重点是转换国有企业特别是大中型企业的经营机制，视之为建立社会主义市场经济体制的中心环节，看作是巩固社会主义制度和发挥社会主义优越性的关键所在。国有企业逐步被推向市场，国有大型企业开展联合、兼并，组建企业集团；国有小型企业逐步出租或出售给集体及个人经营。随着经济体制市场化改革和国有企业经营机制转换的不断深入，大批失去竞争力的国有企业、集体企业破产倒闭，职工势必失去工作岗位，也失去过去依托单位所提供的各种福利保障。适应市场经济体制改革的需要，十四大提出积极建立待业、养老、医疗等社会保障制度，努力推进城镇住房制度改革。20世纪90年代起，中国面临着严重的失业、下岗和城市贫困问题，截至2006年，国有、集体单位从业人员共计减少7 784万人(职工减少7 534万人)，[①]这是人类历

① 孙华：《改革开放三十年与中国社会保障制度的变迁》，《绥化学院学报》2009年第12期。

史上尤其是工业化以来最大规模的经济结构调整和福利保障压力，也是中国共产党为市场经济体制改革服务的社会福利理念产生的历史背景。这一时期的社会福利建设定位于经济领域，为困难群体提供补缺性福利，被视为国有企业改革的配套措施。

应对下岗职工形成的福利挑战。这一时期国有企业改革产生大批失业工人，加上亚洲金融危机冲击，失业下岗潮叠加，形成巨大福利挑战。特别是亚洲经济危机爆发后的 1997 年和 1998 年，福利保障挑战处在最剧烈的高峰期。[①] 1998 年 5 月，党中央和国务院召开国有企业下岗职工基本生活保障和再就业工作会议，确定“三条保障线”与“两个确保”，加强对体制转轨过渡时期福利供养机构与离退休人员的福利保障，较好地保障了特殊困难群体的基本福利，维护了社会稳定，促进了经济体制改革和经济结构调整的顺利进行，为国家度过亚洲经济危机、扭转经济增长乏力的困难局面，作出了积极贡献。[②]

建立健全社会保险制度。党的十五大报告在经济体制改革和经济发展战略部分，提出加快推进国有企业改革，适应国企改革需要，建立社会统筹与个人账户相结合的社会养老与医疗保险制度，发展失业保险与社会救济制度，为在职职工提供基本社会保障；党的十五大报告提出建立城镇住房公积金，推进住房制度改革，逐步增加公共设施与社会福利设施，不断改善人民群众生活；国家采取多方面举措，提高教育和医疗保健水平，为城镇困难居民基本生活提供保障，力争在 20 世纪末基本解决农村贫困人口的温饱问题。

党的十六大报告明确提出，发展经济的根本目的在于提高人民群众的生活水平与质量，要求进一步深化同经济发展水平相适应的社会保障体系建设，深化分配制度改革，健全社会保障体系。这一时期我国社会福利政策不断完善，受惠范围逐渐由孤寡老人、残疾人、孤儿、弃婴等特殊群体向全社会拓展，社会福利事业正在由补缺型向适度普惠型迈进。截至 2011 年底，15 个省份建立了 80 岁以上高龄老人生活补贴制度，16 个省份建立了生活困难老人养老服务补贴制度，各个省份均出台了老年人社会优待政策。以居家为基础、社区为依托、机构为支撑，资金保障与服务提供相匹配的社会养老服务体系初步建

---

① 王延中：《不得已的“三条保障线”与“两个确保”》，《中国社会保障》2007 年第 11 期。

② 王延中：《不得已的“三条保障线”与“两个确保”》，《中国社会保障》2007 年第 11 期。

立。国家制定了加快推进残疾人社会保障体系和服务体系建设的指导意见，出台了生产和装配伤残人员专门用品企业免征企业所得税的政策，进一步完善了福利企业优惠政策；逐步推行了残疾人社会保险补贴和医疗救助等帮扶政策，残疾人的基本生活、医疗、康复、教育、就业等基本需求得到了更加稳定的制度性保障。与此同时，中央财政每年安排专项经费补助地方发放孤儿基本生活费。积极探索把事实上无人抚养儿童分类纳入保障范围。与此同时，党和政府加大社区服务建设，让小社区服务大民生。截至 2011 年底，我国共有城乡社区服务设施 16 万处，社区综合服务设施覆盖率达到 23.6%。大力培育发展公益性社会组织，社会组织平均以每年以 10%的增长速度健康有序发展。①

三、推进社会建设的福利和谐理念

党的福利和谐领导理念集中体现在党的十七大以来中国共产党有关社会福利的论述。党的十七大报告在党代会报告中把“保障和改善民生”作为社会建设的重点，并调整“效率优先、兼顾公平”的提法，提出“初次分配注重效率，再分配注重公平”和“初次分配和再分配都要处理好效率和公平的关系，再分配更加注重公平”的重要思路。党的十七大报告首次提出要“加快建立覆盖城乡居民的社会保障体系”，并系统阐述了我国社会保障体系的基本内容，以及与社会保障体系相互渗透的医疗卫生体系等社会福利建设目标。党的十七大报告强调：“社会建设与人民幸福安康息息相关。必须在经济发展的基础上，更加注重社会建设，着力保障和改善民生，推进社会体制改革，扩大公共服务，完善社会管理，促进社会公平正义，努力使全体人民学有所教、劳有所得、病有所医、老有所养、住有所居，推动建设和谐社会。”党的十八大提出“在改善民生和创新管理中加强社会建设”，要求坚持全覆盖、保基本、多层次、可持续方针，统筹推进城乡社会保障体系。党顺应人民群众过上更好生活的新期待，提出构建社会主义和谐社会的重大战略任务，把社会福利摆到更加突出的位置，这

① 程福俊：《社会福利受惠范围由特殊群体向全社会拓展》，《燕赵都市报》2012 年 9 月 21 日。

是党对社会福利规律认识的一次深化和跃升，无论在理论上和实践上都有重大指导意义，体现出中国共产党社会福利理念的演进，社会福利逐步从服务经济回归到社会建设。

建立覆盖城乡居民的社会保障体系。党的十七大以来社会保障事业发展快速，建立了覆盖城乡居民的社会保障体系。2012 年城镇职工基本养老保险基本实现省级统筹，基本养老保险跨区转移关系和基本医疗保险异地就医等方面，有了制度上的突破和创新。全面开展城镇居民基本医疗保险，2007 党中央和国务院发布《关于开展城镇居民基本医疗保险试点的指导意见》，城镇居民基本医疗保险经过将两年试点后逐步推广。城镇居民养老保险快速发展，十七大到十八大之间，基本上解决了城镇居民的社会保险问题。医药卫生体制改革得到深化，2009 年，中共中央、国务院公布了《关于深化医药卫生体制改革的意见》，按照党的十七大精神，建立中国特色医药卫生体制，逐步实现人人享有基本医疗卫生服务的目标，提高全民健康水平。大力建设保障性住房，我国保障性住房建设有前所未有的大发展。党的十七大后我国社会保障实现制度全覆盖，人群覆盖面越来越广。[①] 党的十八大提出"在改善民生和创新管理中加强社会建设"要求坚持全覆盖、保基本、多层次、可持续方针，统筹推进城乡社会保障体系。十八届三中全会通过《中共中央关于全面深化改革若干重大问题的决定》，推进社会事业改革创新，对社会保障制度和医疗卫生体制改革等福利领域的重大问题，作出了更加全面和具体的部署。

重视生态福利建设。党的十八大报告将生态文明与政治、经济、文化、社会四种文明的建设并列，表明党将生态文明置于民生福祉的高度，是福利和谐理念在生态建设方面的体现。正如十八届三中全会所强调的，"紧紧围绕建设美丽中国深化生态文明体制改革，加快建立生态文明制度，健全国土空间开发、资源节约利用、生态环境保护的体制机制，推动形成人与自然和谐发展现代化建设新格局。"生态文明是人类社会进步的重大成果，是实现人与自然和谐发展的必然要求。人与自然是相互依存、相互联系的整体，保护自然环境就是保护人类，建设生态文明就是造福人类。美好环境就是福利，生态好，环境

① 尹蔚民：《在国际社会保障协会"社会保障杰出成就奖"颁奖仪式上的讲话》，《中国社会保障》2016 年第 12 期。

美,一直是群众最朴素的福利诉求。只有把环境保护做好、做实,群众才会有更多舒适感、获得感、幸福感;生态环境恶化,不仅造成经济损失,而且引发群体性事件,社会不安定因素在增加,社会和谐受到影响。建设生态文明,是关系人民福祉、关乎民族未来的长远大计。党领导的社会福利,既要考虑满足群众更多物质财富和精神财富需要,又积极回应人民日益增长的美好生活期盼。党将生态文明建设放在突出地位,不断丰富社会福利的内容,体现了党的工作最终都要服务于人民福利改善的奋斗目标。

四、人民为本的民生福利理念

党的十八大以来,中国特色社会主义进入新时代,人民为本的民生福利理念集中体现在党的十八大报告与十九大报告中。党的十九大报告提出,必须为人民创造美好生活,指出为什么人服务是检验一个政权和一个政党性质的试金石,将民生福祉作为检验政党和政权性质的高度,党对社会福利的重要程度由此可见一斑。党对福利体系内容的表述从“五有”发展到“七有”,即“幼有所育、学有所教、劳有所得、病有所医、老有所养、住有所居、弱有所扶”,包括教育、收入、救助和住房保障等方面,覆盖整个生命周期,福利体系更加完善。社会福利的新发展对社会福利理念调整提出了新期待,社会福利需要按照兜底线、织密网、建机制的要求,建成覆盖全民、城乡统筹、权责清晰、保障适度、可持续的多层次社会保障体系,还要从人民群众关心的事情做起,满足人民群众的美好生活诉求。当前收入维持的社会福利固然需要进一步完善发展,与美好生活密切相关的医疗、养老等服务越来越成为人民群众关心的事情,收入维持与服务并行的福利理念,是新时代民生方略对社会福利理念调整提出的新要求。

由此可见,中国共产党社会福利理念以最广大人民群众根本利益为最高标准,从服务于生产到为经济体制改革服务转变促进民生和谐,推进社会建设的重要内容,党的社会福利理念变化是福利体系建设和制度完善的根本保障。党的十九大开启了民生建设的新时代,党的民政福利理念向民生福利理念演进体现了新时代的要求,指明了中国共产党社会福利理念演进的新方向。

新时代党回应保障和改善民生的新要求,确立收入维持与服务并行的民生福利理念，实现“民政福利”向“民生福利”的演进。民生福利理念协调发展与人民福祉改善的关系，避免落入西方发达国家的福利陷阱，具有中国特色主义制度优势：首先，民生福利理念依托中国特色社会主义制度优势，“市场经济＋社会主义”使得社会成员所共有的公共资源能够提供税收之外的福利资金，还有条件以非市场化的配给制方式供给民生公共品，具有更丰富的福利资源；其次，民生福利理念强调共建共享，与发展紧密挂钩，具有根据发展水平调整福利的能力；再次，民生福利理念重视多方力量协同，依托的不仅是政府，还有社会、单位、家庭等不同层级的共同体之间的互助，从而创造出比发达资本主义国家更有持续性的民生福利。①

新时代社会矛盾的新特点和民生需求的新期盼，为中国共产党社会福利理念演进提出了新的命题，党在目标建设、改革进程、福利文化等多方面厘清从“民政福利”到“民生福利”的整体走向。

（一）明确党的民政福利到民生福利理念演进的基本目标

民政福利主要局限于补缺，提供的是收入维持型的福利；民生福利顺应新时代民生需求，建立普惠的、收入和服务并行的福利，依托中国特色社会主义制度优势，发展更高水平、更可持续的社会福利。民政福利理念向民生福利理念的演进是系统工程，体现在多个方面：其一，从劳动关系向公民权利的演进。当前党的民政福利以劳动关系为纽带，这种制度虽然有助于激发生产效率和提高服务体制改革的效能，但是过于倚重市场化福利关系，对非劳动人群形成福利排斥，不利于让全体民众同步共享改革开放的基本成果，导致城乡、行业或人群等不同群体之间的福利撕裂。民生福利应当强化基于公民权利的社会福利，党和政府既通过制度设计保障劳动公民的社会保险和福利服务的有效供给，也确保非劳动公民具有收入维持型的福利津贴和一定的福利服务。其二，从收入维持向收入与服务并重的演进。过于强调收入维持的民政福利理念与制度安排，突出福利供给的效率而忽视福利供给的公平，在收入初次分配体现差异的基础上，又通过再分配继续扩大群体差异，跟社会福利的公平机

---

①　郧一龙：《新时代与民生国家建设》，《中央社会主义学院学报》2018 年第 1 期。

理背道而驰。收入维持型的民政福利虽然有利于减少国家的福利投入,但是增加了家庭福利责任和社会福利风险。收入与服务并重的民生福利强调收入与服务的均衡化,克服单纯依赖市场提供福利的局限,有助于形成市场化的收入维持与非市场化的福利服务并举的格局。其三,从特定人群向普通民众的演进。民政福利主要关注特困人群,包括困境儿童、无依靠老人和残疾人等特定人群,虽然民政福利在改革开放中逐步扩大了覆盖人群,但是人群收益面仍然过于狭窄。民生福利逐步扩大覆盖人群,普惠程度大大扩展,服务内容更加丰富,服务对象更加广泛,实现从"院内管理"向"院外服务"的扩展。其四,从城乡分割向城乡统一的演进。城乡割裂的经济社会运行体系由来已久,"我国不但形成了城乡二元经济格局,而且在政治权利、教育权利、劳动就业和社会福利方面实行城乡差别的政策,这种由户籍制固化的差别将农民群体变成了弱势群体"。[①] 改革开放40多年城乡流动日趋活跃,党领导的农村社会福利逐步建立,但是城乡统一的福利体系远未形成。不应过高估计土地对于农村居民的福利保障功能,应当逐步统一城乡之间的福利制度和待遇标准。

(二) 民生福利理念的战略演进以民政福利理念和制度安排作为逻辑起点

社会福利理念最终会落实到制度安排,新时代党的社会福利理念演进必然推进社会福利制度改革。任何改革都应考虑转轨成本,顺应事物发展渐变性与连续性相统一的规律。民生福利理念和制度安排既需要前瞻和突破,更需要以民政福利理念和制度安排作为逻辑起点,保持发展的连续性。因而关于党的社会福利理念演进的冒进思维在实践中很难得以实现,有的社会福利研究学者主张重构管理架构,组建涵盖民政与人力资源和社会保障部的大社会福利部;有的希望重构社会福利体系,用社会福利体系代替社会保障体系。这些观点失之冒进,脱离现实的逻辑起点,不具有可操作性。党的民生福利理念战略演进应将民政福利作为改革的逻辑起点,注重把握演进时机。目前党的民政福利进入完善和巩固的阶段,社会救助制度和社会保险制度都基本建

① 王思斌:《改革中弱势群体的社会支持》,《北京大学学报》2013年第6期。

立，而且实现了制度全覆盖。新时代社会主要矛盾的转化要求收入与服务并行的民生福利势在必行。但是，由于党的社会政策建构不但需要与经济政策相协调，而且需要调整社会政策的内部结构，保持民政福利的连续性和稳定性，因而新时代党的社会福利理念演进和制度改革，需要契合新时代“两阶断”“两步走”发展战略，在实践上长期谋划、择机推进。民政福利理念与制度安排虽然具有较多的漏洞，但是实践中发挥着重要作用，不能简单将之取消，而是需要加强提升和融会，提高民政福利的质量和水平，扩展民政福利的覆盖范围与管理权限，同时扩大服务供给，最终形成符合中国特色社会主义制度特点，收入维持与服务并举，体现民生诉求的民生福利理念和制度设计。

（三）社会福利理念的战略演进继承传统福利文化理念的精髓

改革开放以来党的社会福利理念既以马克思主义为指导，又是中华民族长期形成的福利理念的继承，体现着传统福利文化的精髓。重视集体的福利特点跟传统文化中家庭互济观念一脉相承，而生产主义福利理念则体现着中华民族勤劳节俭的福利美德。党的社会福利理念演进进程中，重视国家的福利责任并非认可个人的福利依赖，保障人民群众的民生福祉也并非包容懒汉心态和行为，因而在实际建构过程中应当积极借鉴传统福利文化。党的民生福利理念不是对福利国家理念的拿来和复制，既发挥中国特色社会主义的制度优势，又坚持共建共享，将民生福利与发展紧密联系；既加强政府的公益责任，又充分发挥不同层级社会共同体之间的互助作用；既根据新时代要求建构体现民生福祉的新制度，又继承传统福利文化的家庭互济、邻里互助、节约储蓄等理念，有效弥补一味依靠社会福利的不足，形成多元主体福利共担的保障格局。因而，党的民生福利理念是对福利国家理念的一种超越，那种简单崇拜西方福利理念，照搬西方福利制度，罔顾中国社会制度的特点，切断传统福利文化的联系的观念与做法，既是行不通的，更是有害无益的。

新时代经济基础为社会福利理念演进提供了物质支撑。我国收入维持的民政福利覆盖人群过窄，福利内容过少，绝大多数民众的民生诉求被排斥在社会福利制度的保障范围之外，这种福利理念及其制度安排，有悖于共享改革开放基本成果的发展目标。从福利制度与社会发展互动的实践经验来看，世界主要国家人均 GDP 接近 1500 美元时,都会带来社会福利理念演进,建立覆盖范围更广、服务内容更多的社会福利制度。也就是说,积极的社会福利理念,既是社会公平提升与民众福祉优化的显著特征,也是检验政党和政府治理能力的重要指标。

新时代党保障和改善民生的信念为社会福利理念演进提供了政治保证。对于新时代如何保障和改善民生,党的十九大强调"要抓住人民最关心最直接最现实的利益问题,既尽力而为,又量力而行,一件事情接着一件事情办,一年接着一年干。坚持人人尽责、人人享有、坚守底线、突出重点、完善制度、引导预期,完善公共服务体系,保障群众基本生活,不断满足人民日益增长的美好生活需要,不断促进社会公平正义,形成有效的社会治理、良好的社会秩序,使人民获得感、幸福感、安全感更加充实、更有保障、更可持续。"①中国共产党明确了保障和改善人民民生福祉的重点领域包括优先发展教育事业、提高就业质量和人民收入水平、加强社会保障体系建设、坚决打赢脱贫攻坚战、实施健康中国战略以及打造共建共治共享的社会治理格局等。这些都体现出党保障和改善民生福祉的坚定信念,为新时代社会福利理念演进提供了政治保证。

新时代人民群众的福祉期盼为社会福利理念演进提供了发展动力。改革开放 40 多年特别是党的十八大以来,人民群众社会福利获得感显著增强,城乡居民生活不断改善,全面建成小康社会取得决定性进展,文化教育得到全面发展,城乡居民就业和收入状况持续改善,基本建立覆盖城乡的社会保障体系,社会治理体系不断完善。但是,新时代人民群众也表现出更高质量更多内容的民生期盼。媒体连续多年的全国"两会"热点调研结果显示,作为与老百姓日常生活息息相关的议题,反腐倡廉和民生福利最受关注。② 党对人民群众的社会福利期盼也有清醒的认识:"我们的人民热爱生活,期盼有更好的教育、更稳定的工作、更满意的收入、更可靠的社会保障、更高水平的医疗卫生服务、更舒适的居住条件、更优美的环境,期盼孩子们能成长得更好、工作得更好、生活得更好。人民对美好生活的向往,就是我们的奋斗目标。"③

---

① 习近平:《决胜全面建成小康社会 夺取新时代中国特色社会主义伟大胜利》,人民出版社 2017 年版,第 44—45 页。

② 文晨:《民生热词最受关注》,《三秦都市报》2018 年 3 月 1 日 A04 版。

③ 《习近平谈治国理政》,外文出版社 2014 年版,第 4 页。

第三节 改进党领导社会福利事业的方式

领导方式是一个政党率领、引导人民群众和各类社会组织实现特定目标的形式、方法、途径的总称。“中国共产党的领导地位，决定了党的领导包括政治、思想和组织的领导，涉及国家政权、社会团体和党组织内部。党的领导方式与党的执政方式密切相关，二者的区别在于：领导方式并不一定与国家权力联系在一起，而执政方式必定与国家权力联系在一起。党的领导方式包含党的执政方式，并且决定着党的执政方式；党的执政方式是党的领导方式的重心，是领导方式的最重要的体现”。① 领导方式既具有连贯性，也具有渐进性。中华人民共和国成立以来，党领导革命、建设和改革的不同阶段，重心都各有侧重，不同历史阶段的社会福利事业发展矛盾也有所差别，党善于根据实践需要不断改进领导社会福利事业的方式。具体体现在，党从直接管理社会福利事业的格局，调整到“总揽全局、协调各方”的领导格局；党从传统的领导管控方式创新为社会整合方式；党从社会领域党建经验不足发展到构建起社会领域基层党建工作体系。

一、完善总揽全局协调各方的格局

中华人民共和国成立初期，适应百废待兴的要求，党直接参与各领域的建设，形成党直接管理社会福利事业的格局。经过不断实践探索，党构建了“总揽全局、协调各方”的领导格局。总揽全局、协调各方，不仅是其核心领导地位的集中体现，也是党在领导社会福利事业的过程中改善领导方式的创新。福利事业管理活动，错综复杂，党的领导任务纷繁复杂，无法做到“事无巨细，亲力亲为”，将所有事情都包揽在身。党在社会福利事业领域领导方式的调整，符合党对领导核心的定位，党的领导突出表现在把方向、定政策、促改革，牢牢

① 奚洁人主编：《科学发展观百科辞典》，上海辞书出版社 2007 年版。

把握工作权,把总揽全局、协调各方落在实处。

总揽全局,体现在党领导社会福利事业过程中,把握清晰的定位和准确的方向,从高举中国特色社会主义伟大旗帜,抓住主要问题,充分了解相关问题的总体情况,观大势、谋大事,充分调动各方的积极性和各种社会资源,从而为社会福利事业确定方向。党的核心领导注重处理党政关系,将"党委领导"与落实"政府负责"有机结合,在具体进行社会福利事业建设中,党牵住社会福利事业发展的"牛鼻子",抓准主要矛盾和矛盾的主要方面;政府认真履行自身的职能,具体推进政策落实和问题的解决。

协调各方,体现在党领导社会福利事业的进程中,从宏观上协调好党的领导、人民当家作主和依法治国的关系,党的领导过程善于调动各方面社会福利事业参与者的热情,充分调动他们的积极性,在维护他们利益的前提下,团结一心,为完善社会福利事业这一目标而奋斗。从中观上看,协调中央社会福利政策、地方福利事业实际情况和基层社会福利事业实际问题三者间的联系,畅通中央政策的落实,推动社会资源向社会福利事业的基层单位倾斜。从微观来看,发挥好福利事业单位基层党委的核心堡垒作用,同时积极争取群众的支持,倾听群众的呼声,动员群众参与到社会福利事业中来。

党领导社会福利事业,是党与社会良性互动,满足人民群众福利需求,激发群众活力,构建社会主义和谐社会而进行的一系列领导活动和制度建设。党的领导方式转变,集中体现在以下几点:从依靠权力控制资源转变为依靠人民群众平衡各方利益,妥善解决各种冲突;从管理控制到激发主体活力履行责任;从领导程式化到领导创造性,党的领导风格更具创造力,领导方式更具灵活性,领导效率更有实效性,领导技能更具丰富性。"落实党的领导责任,要表现在党在自身领导方式的深刻变革,须实现由以往资源调配型的'硬领导'到社会政策疏导型的'软领导'转型,要表现在党的社会工具性职能的有效发挥,主要是在更加注重民主执政、科学执政的条件下充分发挥利益表达和利益整合功能,以促进社会公平正义。"①

党委总揽全局而不是包揽全局,协调各方而不是替代各方,体现了党的科

① 寇政文:《提高党和政府社会管理科学化水平的途径探析》,《理论研究》2011年第3期。

学领导、先进领导、全面领导的要求。但对各方进行协调以及对全局统筹兼顾并不矛盾，两者之间紧密联系，统一于党的领导核心作用。针对社会福利事业来说，党的领导突出重点议题，努力控制大局，防止社会福利体系失衡。

党领导社会福利事业的历史经验表明，党紧紧围绕怎样更好的领导社会福利事业这个核心问题，重点开展了以下主要工作。

（一）党领导社会福利事业注重理顺经济发展与社会福利事业之间的关系

一度生产力落后的国情，决定了党集中力量发展经济。特别是改革开放以来，党坚持以经济建设为中心的基本路线，看上去与社会福利事业存在矛盾，实质上是为社会福利事业建设提供物质基础。随着经济实力的增长，党领导社会福利事业的过程中，也认识到单纯以经济建设作为衡量指标，很容易为了经济指数的增长，忽视重要的民生福利问题。从长远来看，这会给社会发展造成不良后果，人民群众无法分享经济建设的成果，反过来会挫伤经济建设积极性。所以，在和谐社会理论提出的同时，党对社会事业建设日益重视，综合社会福利事业与经济水平之间的关系，促进经济与社会协调发展。新时代社会矛盾表现出新的特点，必须更加注意缓解社会矛盾，努力维护好社会的公平正义，建立既符合国情又符合经济发展状况的社会福利事业，这样才能保证广大人民提高生活质量，分享经济发展成果。

与此同时，党领导社会福利事业建设始终坚持党的基本路线的要求，对于一些改变以经济建设为中心，转变为以社会建设为中心的意见，党保持清醒的头脑。中心转移的观点是对我国目前发展形势认识的偏差，党的十九大提出“两个没有变”，我国仍处于并将长期处于社会主义初级阶段的基本国情没有变，我国是世界最大发展中国家的国际地位没有变。① 这是对中国国情的情形认识，是处理经济建设与社会建设关系的落脚点，也是党领导社会福利事业的基本依据。新时代党领导社会福利事业，仍要遵守党的路线，以经济建设为中心，统筹推进“五位一体”总体布局，在协调经济建设和社会建设的基础上，提

① 习近平：《决胜全面建成小康社会　夺取新时代中国特色社会主义伟大胜利——在中国共产党第十九次全国代表大会上的报告》，人民出版社 2017 年版，第 12 页。

升社会福利建设水平，巩固党的领导地位。

（二）党领导社会福利事业顺应城乡一体化的趋势，协调城乡社会福利事业

我国客观上存在着城乡分割的问题，社会福利事业也存在城乡差距，是城乡发展差异的具体体现。然而城乡分割的局面会对社会和谐安定带来消极影响，也会造成城乡居民无法共享经济胜利果实的问题。党认识到，农村居民离开土地到城市务工，为城市的建设贡献力量，这些农民工的生活已经与农村脱离，而他们的户籍和原生家庭尚依托在农村，没有与农村斩断联系，但城市的福利建设没有完全考虑进去，在浅层次上以低标准对待他们，不利于保护农民工权益。统筹城乡社会福利事业一体化是大势所趋，党积极顺应时代发展方向，打破城乡割据局面，尽力消除二元机制，改进党的领导方式，迅速顺应新时代缓解新矛盾的要求。

（三）党领导社会福利事业注重协调中央政策、地方特色和基层实际三者间的联系，推动社会资源向基层倾斜

党注重中央政府社会福利政策的明确，同时根据地方政府实际发展状况以及当地特色，进行社会福利事业的探索。例如，发达地区和欠发达地区的社会福利制度建设差异，并不用同一套标准来要求各地区，而是在坚持总体原则下，有针对性采取社会福利改革举措。

（四）党领导社会福利事业注重协调先富与共富的关系

“社会主义的目的就是要全国人民共同富裕，不是两极分化。如果我们的政策导致两极分化，我们就失败了；如果产生了什么新的资产阶级，那我们就真是走了邪路了。如果收入差距过大、甚至出现了两极分化，对于广大人民群众来说是不公平的”。[①] 党的社会福利事业建设始终体现公平性要求。但市场经济发展的结果，难免存在人群之间的收入差距，不同群体的社会福利需求也

① 《邓小平文选》(第3卷)，人民出版社1994年版，第110、111页。

不相同。党领导社会福利事业在注重公平的前提下，承认并满足不同群体的福利需求层次性。在保障基本福利的条件下，积极激发效率，引入社会力量发展多层次福利事业，让不同福利需求群体都得到相应的福利供给。

二、调整党整合社会的方式

整合就是通过一定的方式和手段，将不同的部分组合成一个有机完整的整体，同时又保持各自的特点。社会整合，就是在协调和保障各群体利益的基础上，通过各种方式将社会各阶层结合起来，形成一个社会利益共同体。①

（一）党领导社会福利事业以价值为导向

党顺应共同理想和社会福利事业的建设方向，在思想和行动上把党的制度体制和观点主张宣传给广大人民群众，让人民群众形成正确的福利价值观，这种价值观建设对党创新整合社会起着积极作用。党领导社会福利事业建设进程中，福利建设与福利价值观形成相辅相成的关系。党领导的社会福利事业让人民群众利益得到维护，人民群众的政治认同得到强化。反过来，这对凝聚人心扎实推进工作，巩固社会福利事业的建设成果都起到积极作用。为了更好地发挥整合优势，党依靠核心领导地位，借助于手中的政治经济资源优势，为广大人民谋取福利，提升人们的生活水平，让人民实实在在地拥护共产党，拥护党的领导与社会主义事业。

（二）党领导社会福利事业注重利益协调

党的福利事业领导方式影响着对福利利益关系的整合方式。一方面，党回应广大人民群众的福利利益诉求，在社会福利事业中体现人民的意志，进而提高人民群众对党的理解和支持，党领导的社会福利事业也得到了人民更加衷心的拥护。正由于党的福利政策与民意相结合，做到人民群众利益分配的公平公正，在发挥党利益协调作用的同时，维护了社会和谐。另一方面，党的

---

① 王长江：《政党论》，人民出版社 2009 年版，第 231 页。

社会福利政策缩小社会利益差距,避免社会冲突。众所周知,中华人民共和国成立以来,各个历史阶段都不同程度存在社会福利资源缺乏,从数量上难以满足全体社会成员的要求,在结构上难以让人民群众普遍满意。人民群众具有不同的利益和需要,社会成员各种利益群体都希望自己的利益最大化,这就引发了稀缺的资源无法均分的矛盾,由此引起社会竞争和怨言。从历史经验来看,党领导社会福利事业注重在更高层面上进行宏观调控,协调群众之间的矛盾,化解不同需求群体之间的冲突。与此同时,党高度重视已经存在的利益冲突以及社会不平衡所引起的问题,重视社会分配的公正,采取二次分配乃至多次分配,来弥补福利利益受损的那些人,解决他们的不满,最大限度地保证社会公平正义。

(三) 党领导社会福利事业的及时提供政策供给

在总体利益一致的前提下,人民群众利益群体不同,利益需求也不同,党在领导社会福利事业的进程中,尤其是改革开放以后,充分承认福利需求的差异,体现在政府和社会福利上,及时出台相应政策,起到了利益整合的效果。无产阶级政党领导的功能之一就是进行利益的整合,党在社会福利领域通过政策不断进行利益整合,依据整合之后的利益形态制定政策制度,然后以法律条文的形式转化为国家意志,并付诸实践,从而实现利益整合的目标。"因为社会利益的分化情况一直在改变,利益主体的需求也随之改变,这就使得共产党要依靠利益的分化情况重新做出整合,要做到在政治政策上紧跟时代的步伐。"①

(四) 党领导社会福利事业注重动员力量

在社会福利事业建设中,党发挥自身的组织优势,总结调动人民群众积极性的历史经验,不断根据新形势,采取新办法,增强组织和动员的能力,使党员群众紧密团结在一起,有效凝聚起建设社会福利事业的力量。党的组织和动员方式有很多,根据动员的对象,可以划分党员干部动员、人民群众参与和基

---

① 陆传照:《利益分化视角下的政党整合》,《南通大学学报》(社会科学版)2008 年第 4 期。

层组织动员等。通过规范系统的组织架构以及党全心全意为人民服务的宗旨，党将广大人民及其他社会组织团结到周围，使社会力量得以有效汇聚，增强了引领经济发展和促进社会福利事业建设的力量，最终有效造福于人民群众。随着社会主义事业的发展，各种社会组织生成，这些基于共同兴趣或利益愿景的人组织成为社会组织，是凝聚群众的载体，能够发挥凝聚部分民众的影响力。党的组织动员，将各种社会组织及其成员聚集到党的周围，汇聚成促进社会福利事业的磅礴力量，而且还起到了维护社会和谐的作用。

三、构建社会领域基层党建服务体系

党领导的社会福利事业以基层为重点，构建支持党领导的基层党建服务体系。基层党建工作促进党的中心下移，是服务人民、解决冲突的第一道防线，是推进社会福利事业建设的根基。通过提高基层组织的治理水平，社会福利事业产生的问题与矛盾能够从基层得到党的领导支持，从基层寻找解决办法。

（一）创新社区基层党组织的设立方式

迄今为止，中国共产党已经有400多万个基层党组织，很多都是在单位和组织上进行设立的，这种结构功能具有很大的便利性，能够充分有效的发挥基层党组织的治理作用。同时也适应了社会变迁的需要。就业方式的多样化，使得越来越多的人的社会角色发生变化，由传统的单位人向社会人进行转变。不仅如此，社会组织的数量也日益庞大，完全照搬先前的以单位为组织基石，来设立基层党组织的方式，已无法完全适应当下的基层党组织建设形势。“基层党组织要从单一的、封闭的、以纵向为主的单位建党模式，转向多维度、开放的、以纵横交错的网络化建党模式。随着社会人、社会组织数量的迅速增长以及社会领域独立性的日益凸显，先前依托单位和组织的设立基层党组织的功能逐渐弱化，而商厦、街道、楼栋、市场、居民小区等新的场所不断涌现。基层党组织的党建工作应该融入社会、扎根社会的组织保障，这就需要党组织依托新的场所，采用如挂靠建、联合建、派驻建等多种建立形式，构建纵横交错的网络化、社会化党建格局。”①

(二) 更好地发挥基层党组织的作用

作为党在社会基层组织中的战斗堡垒,基层组织是党的全部工作和战斗力的基础。计划经济时期,基层党组织在团结全社会上下思想和行动方面曾经发挥积极作用。改革开放以来,党组织在社会福利事业建设中,越来越发挥组织领导作用,特别是在福利事业处于前线位置的基层组织,更是强化了解决冲突、整合功能以及服务人民的力度,基层党组织服务、协调作用的加强,顺应社会福利事业创新的新趋势。

(三) 基层党组织的运作形式的创新

基层工作大量属于民生工作,与党领导的社会福利事业在范围和对象上都有所重合,因此基层党建工作对社会福利事业的推进存在一定优势。随着基层党建的加强,社区、农村的党建党员干部的工作重点日益聚焦于服务所管辖社区群众,人民群众的社会福利需求已经成为基层党组织所关注的重点。在城市社区和广大农村,基层组织发挥了管辖和整合功能,已经能够将其管辖范围内的各种社会组织、单位及人员凝聚起来,形成促进社会福利事业建设的合力,社会福利事业建设的成效越来越显著。

(四) 健全党领导社会福利事业的长效机制

党领导社会福利事业的机制不断完善,尤其是党的十八大以来,在人民为本的理念指导下,党领导的财力保障机制、信息反馈机制和监督检查机制都建成体系。一是保证财政资金充足。社会福利事业资金来源主要是财政拨款,改革开放以来积累的经济基础,为社会福利事业建设提供了坚实基础。社会福利事业资金来源还来自社会捐助或自筹资金等,党领导的社会福利事业的资金不仅不断开辟来源,还在机制建设上确保专项使用,明确了专门负责资金分配和使用的职能部门。二是确保民众需求的信息反馈机制保持顺畅。党的

---

① 梁妍慧:《引领社会,服务社会——论党领导社会的内涵和方式》,《中共中央党校学报》2012年第1期。

基层组织建立起畅通民情民意的机制，起到上传下达的作用，发挥了维系民意与上级政府的桥梁和纽带作用。城市社区和农村得到的信息和民意，人民群众的社会福利需求，通过党的基层组织向上反馈，能够有效形成群众诉求的响应机制。三是加强监督检查。党领导的社会福利事业依靠各级党组织建立监督检查机制，根据社会福利建设的分工和群众诉求，通过责任落实及时进行督查，在完善党建工作的同时，提高了社会福利事业建设水平。

第四节　重视基层党建引领社会福利事业发展

社会福利事业中要求多元主体参与，党在社会福利事业中充当着领导核心，统领全局，把握着正确的政治方向；充当着各个参与主体的协调者，协调各方，做好与其他治理主体的沟通、协作，实现共赢；充当着与群众联系的桥梁，倾听群众意见，维护群众利益，真正实现了“人民为本”的社会福利事业的根本价值。[①] 基层党组织在基层社会福利事业建设中发挥了巨大作用，使上述目标得以实现。基层党组织将人民群众的事作为自己的责任，真心关心人民需要，发挥自身服务功能，助力社会福利事业造福人民的目标，有助于建设和谐社会。

一、推进基层党组织全面覆盖

党的十八大以来，党中央高度重视基层党组织建设，坚定不移地推进党的治理向基层延伸。党的十九大报告指出：“党的基层组织是保证党的路线、方针、政策和决定得到贯彻执行的基础。要着力增强组织力量，突出政治功能，把企业、农村、机关、学校、科研院所、街道社区、社会团体等基层党组织建设成为宣传党的思想、贯彻党的决定、领导基层治理、团结群众、动员群众、促进改

---

① 张艳国、刘小钧：《十八大以来我国社区治理的新常态》，《社会主义研究》2015 年第 5 期。

革发展的坚强阵地。”①为了适应市场经济的发展和城乡社会结构的变化,党组织的覆盖面进一步扩大。目前,党正在加快城乡社区党组织建设,帮助新经济组织和社会组织建立健全党组织,明确新型党组织和社区党组织的关系,建立“横向到边、纵向到尾”的组织领导体制。对于尚不具备组建党组织条件的地方,积极开展党建活动,通过建立党员联络服务站、选拔党建指导员等形式,消除基层党建的盲点和缺口,使党建工作覆盖社区各级基层。另外,基层党组织进一步深化农村社会福利建设,将农村社会福利建设与新型城镇化建设、农村扶贫攻坚和美丽乡村建设等战略相结合,积极支持“三留守”人员关爱服务,突出完善基层党组织主导的社会福利体系,大力改善农村社区的福利环境。同时,基层党组织的网格化设置使党组织的覆盖面更广。网格设置是指在社会网格结构的基础上,考虑到社区治理、各社会组织分布情况、人口覆盖范围等建立党的活动组织。依据一定标准,将城乡划分为“单元网格”,对原有的社区资源、信息和服务系统进行重新整合和协调。在社会福利事业中,推动基层党组织的区域化和网格化设置,使党组织结构与社会网络结构相匹配,调动多元社会力量的积极性和建设性,形成“单元网格”内社会各方资源参与社会福利事业的新格局,显著提升了社会福利绩效。

二、发挥基层党组织双向协调功能

(一)协调党与基层组织的关系

在社会福利事业中,基层党组织对党的政策方针进行宣传,使社会福利事业的政策和精神在基层得以实践,使社会福利的发展目标得以实现。同时明确组织和个人在社会福利行动中的角色定位,组织实施行动,协调相互之间的关系。另外,基层党组织在社会福利制度建设中还发挥了规范作用,在落实政策、方针的同时,也防止了权力的不正当行使,使党在基层社会规范的行使自

① 习近平:《决胜全面建成小康社会　夺取新时代中国特色社会主义伟大胜利——在中国共产党第十九次全国代表大会上的报告》,人民出版社2017年版,第20页。

身权利，防止不适当的权力行使损害人民利益，合理界定党、政府与基层群众等在社会福利中的职能。

（二）协调基层组织与社会福利的关系

首先，基层党组织协调各种有利资源，调动一切社会力量参与社会福利。社会福利水平的提高离不开基层社会力量的参与，基层党组织在工作中适当的处理与经济组织、群众组织、社会组织和基层群众自治组织的关系，焕发各类组织的活力，积极引导各类组织参与社会福利服务的生产和供给，发挥各类组织的积极作用。其次，在基层党组织积极培养下，基层居民参与社会福利的意识和能力不断提高。基层党组织在联系群众的过程中，创新了发挥服务功能的形式。基层党组织依靠服务和联系群众来争取群众、领导群众，充分发挥服务功能不是简单的直接为群众提供服务，而是引导群众充分表达社会福利需求，积极参与社会福利；通过建立多方面多层次的沟通协商机制，以“共商共治”的形式在党的领导下，凝聚各方共识，不断提高广大群众参与服务。①

在社会福利事业建设中，基层党组织积极发挥双向协调支持功能，在基层社会和党之间搭建了双向平台，使社会福利事业既能坚持正确方向，又可以在基层拓展，不断扩大覆盖面。更重要的是，基层党组织在双向沟通协调的过程中，找到了自身发挥作用的途径有效融入社会福利事业建设中，同时为多元主体构建了活动平台，使之充分发挥优势，助推社会福利事业发展。

三、强化基层党组织服务功能

外部环境变化以及党与社会关系是决定基层党组织生存、运作、功能发挥的关键性外部因素。② 经济发展进入新常态，构建和谐社会，意味着基层党组织提供服务面临新的挑战。在社会福利事业制度建设中，基层党组织的主要任务是做好群众工作，充分发挥党的领导作用，引领社会福利事业发展。

---

① 沈筱芳：《党的领导与基层社会治理研究》，博士学位论文，中共中央党校，2017 年。
② 朱昔群：《政党科学与政党政治科学化》，中央编译出版社 2015 年版，第 335 页。

(一) 基层党组织的社会福利服务机制不断创新

党在社会福利事业中基层党组织不仅具有服务功能,还发挥统筹服务的能力和机制的建设功能,努力建设服务型政党。基层党组织为了满足群众的社会福利需求,充分发挥执政党自身的优势和组织资源,整合党政机关、群众组织、经济组织、社会组织等多元力量,使之拧成一股绳形成服务合力,从而发挥党的凝聚力和影响力。

(二) 社会福利事业中基层党组织的服务内容、服务手段和服务载体更加丰富,社会福利服务能力切实提高

基层党组织从群众需求出发确定社会福利服务,例如,依托城市社区,建立社区养老服务、困境儿童的托管服务等,这些都切实解决了居民的实际困难,有效的防止基层党组织提供的社会福利服务流于形式。另外,党积极创新社会福利的服务手段和服务载体,探索建立符合群众需求的社会福利服务平台,开展有益社会福利服务的各类党建活动,在社会福利服务手段上依靠相对柔性的协商对话以及经济、法律和文化等多样手段,利用互联网信息平台,加强与群众之间的联系。

(三) 党员领导干部在社会福利领域的服务意识大幅提升,推进了党群直联

党的十八大报告提出要"完善党员干部直接联系群众制度",在多地的社会福利实践中,都出现了各级党员领导干部与受助群众或群众群体的联系机制,党员与群众固定联系,对群众生活长期关注,针对其需求提供帮助和社会福利服务。这一举措为党员深入基层群众提供了可行路径,进一步夯实了基层党组织的群众基础。党是引领事业的旗帜,基层党组织在引领基层社会福利事业中,根据时代转变思维方式,摒弃行政化管理,以服务理念考虑群众的福利需求,通过开展社会福利服务,密切与群众联系,传播党的社会福利理念,为人民群众提供更高质量、更为多样化的社会福利服务。通过入户谈心、为人民服务、创新创优,运用现代多媒体通信手段与群众保持最密切、最直接的联系,全方位服务群众,

建立健全党员干部直接联系群众、服务群众的机制。基层党组织的领导方式、工作方式和活动方式将更加符合服务群众的需要，更加满足社会福利工作的要求。

第五节　动员社会力量广泛参与社会福利事业

一、多种努力发挥党的群众工作优势

走群众路线是党多年实践总结的经验，是党的基本工作路线和工作方法。一切工作都要坚持群众路线，充分发挥党在群众工作中的优势，中国的社会福利事业也不例外。党的群众路线与社会福利事业的理念高度一致，都遵循以人为本，依靠人民的力量，都把维护和实现最广大人民的根本利益放在首位。新时期新的历史条件也赋予了群众路线新的内涵和新的要求，符合党的科学、民主和法制治理以及社会法治下的协商民主的理念，在党组织的领导实践中不断丰富和发展。

（一）党不断拓展社会福利事业中“群众路线”内涵

从革命战争年代群众路线的提出，到群众路线的实践应用，其工作方法主要是自上而下式倾听，强调领导干部到基层获取群众的意见和要求，这与领导干部本身的主动性有很大关系。① 党意识到社会福利事业建设更多强调信息由下而上传递，社会公众的主动参与能够使社会福利事业更好的满足人民需要，党进一步诠释社会福利中群众路线的内涵。即在社会福利条件下，不仅是从自我意识出发坚持群众路线，也是依靠法制化来引导和制约领导人走群众路线的问题。因此，在新时期，党践行群众路线、动员社会力量参与社会福利，是从法治的高度引导党的行动，引导起其为群众参与提供完善顺畅的渠道，从而建立高效畅通的信息流动。

---

① 何海兵：《我国城市基层社会管理体制的变迁：从单位制、街居制到社区制》，《管理世界》2003年第6期。

(二) 党不断创新社会福利事业的群众动员方式

动员社会力量广泛参与社会福利事业,还需要创新和完善党的群众工作方法。党同人民群众建立了密切的联系,在贴近和服务人民群众方面获得认可,从而达到了调动各种力量的目的。多地社会福利事业都有党员领导干部深入基层的模式,通过一对一的定点帮扶,推动党员联系服务群众的具体化和常态化。同时,加强社区文化建设和公共服务的提供,缩小了社区居民与社区的距离,发挥了社区辐射的作用,扩大了社会福利的覆盖面。另外,党不再运用行政化的方式方法,而是采用沟通、说服等易于接受的手段,与各主体平等对话交流。用党员干部先进榜样的力量,引导多元主体在福利事业中贡献力量。通过党员先锋模范的带头引领,增强各主体对党执政的信心,使其坚定的坚持中国共产党的领导。

二、多措并举激励多方主体参与

(一) 拓展社会力量的发展空间

第一步在党组织、政府和社会的关系处理上,各自的角色和界限越发明确。在"总揽全局、协调各方"的党组织领导下,政府在处理社会福利事务时,保证不"越位"或"缺位"。要求转变政府职能,改变在社会福利领域决定一切的传统理念和做法,简政放权,从应由社会力量承担的社会福利事务中抽离出来,真正把属于社会的权力归还于社会。不"缺位"就是面对各种力量的发展,承担起"宏观管理者、组织协调者、资源支持者、监督评估者的角色",推动社会力量健康有序发展。近年来,社区建设在全国各地展开,社区福利服务平台建设得到更大发展。基本建立了多种经济成分并存、服务种类齐全、服务质量高、治理水平高的社区服务网络,为实现社会福利社会化作出了有益的探索,拓宽了社会福利社会化途径。其次通过政府购买社会服务的形式,为社会力量提供业务上的生存空间。[1] 将原来全部由自身提供的服务,转交或委托给相

① 陆继峰:《社区社会组织发展:当前困境与对策分析》,《社科纵横》2017 年第 1 期。

应的社会组织来完成，并通过直接支付费用、提供场地或政策优惠等多种形式对各方力量给予切实支持，有效地激励和帮助其他主体发展，提升社会福利产品质量。①

（二）加大对社会力量的资金和人才支持力度

党组织着力为社会力量的发展争取资金和所需人才。在提供资金支持方面，党通过政策加大财政投入、税收减免优惠、场地优惠政策吸引社会力量的参与，通过购买公共服务，向社会力量支付一定的费用用于支持其运行，减轻福利企业的负担。积极打造社区内政府部门、企业、社会组织和公众共同参与的资源平台，通过这个平台让社会福利事业积极吸纳资金或其他社会资源。另外，党组织重视社会力量的人才队伍建设。通过设立正式编制职位，纳入政府财政拨款序列等方式，吸引专业人才；将社会力量的人才纳入行业人才体系，兑现其所对应行业或主管部门专业技术人才待遇，以稳定人才；利用多种形式，加强对专业人才以及社会力量工作人员的培训力度，帮助他们提高工作水平。

三、多元主体构建社会福利事业新格局

在党发挥群众路线和群众工作优势，采取多重手段动员社会力量参与的推动下，我国社会福利事业取得了令人瞩目的巨大成就，形成了多元主体参与社会福利事业的新格局。

党在计划经济时期至改革开放初期，福利制度体系主体单一，主要是依托单位（集体）提供福利。从 20 世纪 80 年代中期开始，党逐渐意识到单一主体社会福利制度的弊端，并对福利制度中的责任主体的关系进行调整，让更多的力量参与到社会福利事业之中。党和政府为了推动社会福利社会化的进行，积极扶持社会力量参与筹建的社会福利机构，并给予政策和资金的支持。为了深化社会福利社会化改革，挑选了多个城市作为社会福利社会化的试点。

---

①　王名等：《社会组织与社会治理》，社会科学文献出版社 2014 年版，第 170 页。

2000年《关于加快实现社会福利社会化的意见》在对我国社会经济发展发生较大变化的认识的基础上，分析了社会福利社会化的可能性和必要性，并指出我国加快建设社会福利社会化进程的行动纲领和政策保证必须依据社会福利事业发展的指导思想来进行。从此，过去社会福利社会化仅停留在民政部层面的状态被打破，从而使社会化的决策提高到了政府层面。2005年出台的《关于支持社会力量兴办社会福利机构的意见》推动补缺型的社会福利向适度普惠型转变。党和政府也在政策方面大力扶持社会力量主办的福利机构，如税收、用电、用地补贴优惠等。福利制度的改革首先减轻企业的福利责任，给企业更多自主决策的权力，将更多的福利责任交给社会力量，使企业能够把更多的精力放到自身的经营发展上。企业职工福利改革的重要方向，是让企业能够在激烈的市场竞争中以独立经营法人的身份专心于自身的壮大与发展，让社会组织负责职工福利的供给，使得企业不再背负沉重的福利负担。随着改革的不断深入，社区的主体作用不断凸显，在改革中起着越来越重要的作用。随着时代的发展和社会结构的变化，人口老龄化对社区服务的要求逐渐提高，党更加重视发挥社区的作用，以往属于企事业单位的社会职能被社区所承接，社区可以根据不同的实际情况为人民群众提供多样的福利服务，这对于社会福利社会化的改革具有重要的意义。党还鼓励和扶持政府以外的志愿组织、慈善团体、自助组织、非营利性机构、各类企业等积极参与社会福利事业，让国家、市场、社会组织等主体参与到社会福利事业中，这样不仅有利于增强社会的稳定性，还有利于提高社会福利的服务水平，鼓励更多的力量参与到社会福利事业的建设中来。

第六章　中华人民共和国成立以来党的社会福利事业建设经验

总结中华人民共和国成立以来党的社会福利事业建设经验，就是必须加强社会福利事业制度建设完善老年人、妇女、儿童福利事业；必须提升社会福利事业服务水平，加大财政支持和基础设施建设；必须推进社会福利事业转型，加强福利事业社会化建设；必须建设适度普惠的社会福利事业，促进福利事业从补缺型转向普惠型；必须构建社会福利事业共建共享格局，建设利益相关者伙伴关系。党的社会福利事业建设经验，对新时代中国特色社会主义福利事业具有重要借鉴价值。新时代社会矛盾已经发生新变化，人民群众对美好生活的向往，既是社会福利事业发展的动力也是压力，党领导的社会福利事业需要守正创新，将历史经验转化为发展优势，开创新时代社会福利事业新局面。

第一节　加强社会福利事业制度建设

一、完善老年人福利事业制度

（一）坚守底线公平

养老院制度及农村五保制度，在我国社会福利事业中发挥了重要作用。

其面向城乡“三无”人员,解决了数以百万计的贫困老年人的生存问题。[①] 城市社会福利院在计划经济时期拯救了许多老年人的生命,1956年全国共计收养老年人5.3万人,1959年收养6.5万人,1964年收养7.9万人。[②] 农村五保制度从创建之初到现在,一直保障着“三无”老人、经济困难老年人的生活。改革开放以来,每年的农村五保供养人数大约在200万～550万人。[③] 目前全国多个省市建立了高龄老年人津贴制度和生活困难老年人养老服务补贴制度,惠及数以千万计的老年人。我国的社会福利改革成效显著,老年人福利正在由“三无老年人”、生活困难老年人向一般老年人拓展,福利理念经历了从补缺型到适度普惠型,福利项目从小福利走向底线公平的大福利,保障对象经历从关照弱者到普惠全民的可持续发展型福利。[④]

(二) 激励社会资本等多元力量

在改革开放后,确立社会福利社会化的改革思路,在党倡导和资助下,动员各阶层社会力量参与社会福利设施建设,提供社会福利服务。一方面国家的财政压力减轻;另一方面也激励企业和个人积极参与到社会福利事业中来,推动了社会福利从国家主体、国家运行模式向多元主体、市场化运行机制转变。目前公建民营养老机构试点工作稳步推进,民办社会福利院迅速发育成长。虽然目前我国民办养老机构规模较小,但在党的领导下,民办养老院不断做大做强,正担负起满足老年人日益增长的福利服务需求的重任。

不断丰富老年福利事业服务内容。党努力建设涉及多领域的、综合性的老年人社会福利服务,老年生活照料、老年产品用品、老年健康服务、老年体育健身、老年文化娱乐、老年金融服务、老年旅游等多项内容都包括在内。[⑤] 截至2017年底,全国共有老龄事业单位近2000家,老年法律援助中心约2万个,老年维权协调组织6.4万个,老年学校4.9万所、在校学习人员近704万人,各

---

① 戴卫东:《新中国老年福利事业的反思与前瞻》,《社会科学战线》2015年第2期。

② 多吉才让主编:《社会福利》,中国社会出版社1996年版,第141页。

③ 崔乃夫:《当代中国的民政下》,当代中国出版社1994年版,第105—106页。

④ 《为了夕阳红满天——老年人福利与养老服务40年发展历程与成就》,《中国民政》2018年第24期。

⑤ 《为了夕阳红满天——老年人福利与养老服务40年发展历程与成就》,《中国民政》2018年第24期。

类老年活动室达35万个；建立并不断完善老年人津贴和老年人生活补贴制度，高龄补贴的老年人有2682.2万人，比上年增长13.9%；享受护理补贴的老年人61.3万人，比上年增长51.5%；享受养老服务补贴的老年人354.4万人，比上年增长25.3%。① 长期护理保险在上海市、北京市、广东省等多地进行试点，正逐步推广到其他地区，有效地解决养老服务提供和资金不足的问题。

不断完善老年福利政策法规体系。党和政府从国情出发，根据我国老龄化发展趋势，设计系统化的养老政策，为老年福利事业发展提供良好制度环境。先后出台了一系列政策以促进老年人福利的发展，包括《中国老龄事业发展"十一五"规划》《关于加快推进居家养老服务的意见》《中国老龄事业发展"十二五"规划》《关于建立高龄津贴、补贴制度先行地区通报》《关于鼓励和引导民间资本进入养老服务领域的实施意见》和《国务院关于加快发展养老服务业的若干意见》等。这一系列的意见与规划，都在围绕老年人权益保障法，不断填补政策上的空白，满足社会需求，用多层次的法规建设系统的规定社会福利事业中一系列具体问题。

二、完善儿童福利事业制度

（一）坚持共享普惠的儿童福利新理念新战略

共享、发展理念指导儿童社会福利在新时代的发展方向。以习近平总书记为核心的新一代领导集体，提出"创新、协调、绿色、开放、共享"五大发展理念。这些新理念不仅总结了社会主义建设规律，而且融入了新的时代要求，是党的发展思想与时俱进的体现。这些新理念同样是儿童福利事业指导思想。从儿童发展的角度，建设儿童福利事业，是从长远的视角考虑儿童的未来，党遵循共享、发展的理念，牢固树立科学儿童观，出台法律政策保护儿童权益，坚持儿童优先、儿童共享平等发展的原则，从而保护儿童最大利益。党顺应时代发展，提出儿童福利事业建设新战略，明确提出"三步走"战略。第一步是在第

① 民政部统计网：《2017年社会服务发展统计公报》。

十二个五年计划结束前建立一个托底保障制度,以政府保障为主,覆盖所有困境儿童。第二步是到2020年在全国范围内建立适度普惠的福利保障和服务供给,惠及自身困难儿童、家庭困难儿童和问题儿童。第三步,到2049年,即中华人民共和国成立100年,建立全国范围内的普惠型儿童福利体系,为所有儿童提供高水平的福利保障和服务供给,基本达到发达国家儿童福利的整体水平。这为我国儿童福利建设确立了长久的发展目标,有利于儿童福利事业可持续发展。

(二) 不断完善儿童福利政策法规体系

迄今为止,我国儿童福利法治建设不断推进,儿童福利法治体系初步形成。我国儿童社会福利相关法律约有20多部,以孤儿、残疾儿童、流浪乞讨儿童等为保护主体,内容涵盖生活方方面面,保障儿童的基本权益。我国民法、未成年人保护法、刑法等法律从不同角度搭建了儿童权益保障的基本框架,国务院先后发布了孤儿保护、贫困儿童保护、农村留守儿童关怀保护等一系列文件,建立了孤儿基本生活保障制度、贫困儿童保护制度、农村留守儿童关怀保护制度等一系列制度。政府财政对儿童特别是困难儿童等在基本医疗保险缴费方面给予政策倾斜,减轻包括儿童在内的参保人员医疗费用负担。民政部还继续推动实施“残疾孤儿手术康复明天计划”和“孤儿助学项目”。帮助他们进行手术治疗和康复,帮助他们完成学业。此外,还发布了一些儿童规划纲要。20世纪90年代以来,中国先后制定了一系列与儿童社会福利相关的规划纲要,即《20世纪90年代中国儿童发展规划纲要》《中国儿童发展纲要(2001—2010)》和《中国儿童发展纲要(2011—2020)》。这些规划纲要都以儿童的生存、保护、发展和福利为主题,为儿童社会福利体系的建设提供指导意见和政策方案。特别是《中国儿童发展纲要(2011—2020)》在《中国儿童发展纲要(2001—2010)》4个领域的基础上,拓展了儿童与福利领域,并就如何扩大儿童福利范围提出了有针对性的目标和战略措施,对我国构建适度普惠型的儿童社会福利体系具有重要的指导意义。

(三) 儿童福利服务能力日益增强

首先,我国儿童福利事业服务机构不断增加,儿童福利从业服务人员增加，服务专业化水平提升。2015 年，全国共有儿童收养救助服务机构 53 个，其中儿童福利机构 478 个，未成年人救助保护中心 275 个，分别比 2010 年增加 143 个和 130 个。2015 年，我国儿童收养救助服务中心职工数为 1.4 万人，儿童福利机构职工数为 1.3 万人，未成年人救助保护中心职工数为 0.2 万人。截至 2017 年 6 月，妇联在全国 30 个省份支持建立约 15 万所儿童之家。2018 年出台了《儿童福利机构管理办法》，将全国 41 万孤儿、弃婴纳入了国家养育，集中和分散供养水准分别达到人均每月 1335 元、913 元，配备乡镇儿童督导员 4.46 万名、村儿童主任 61.53 万名，基本实现全覆盖。[1] 儿童福利服务水平大大提升，具体体现在儿童福利服务从业人员不断增加，专业人才培养壮大，服务理念以人为本，重视儿童发展，专业设施设备覆盖面扩大。

其次，党持续动员社会力量参与儿童福利事业，大大提升了服务能力。通过政府购买服务，发挥了社会组织的资源优势，为儿童提供更专业服务。目前，专项保障资金由政府、社会团体、基金会与企业等多种力量联合支持，用以保障儿童权益。儿童福利社会化进程正在加快，党和政府主导、多部门共同合作、全社会加入的工作机制和经费保障机制正在形成。

（四）丰富儿童福利服务内容

首先，中国的儿童福利已经从过去注重救济和养育发展成为一项全面的社会事业，保障特殊群体的基本生活、教育、就业、医疗保健、社会保障、权益保护、文化体育、无障碍环境建设等。进入新时代以来，随着国家综合国力的提升以及医疗卫生水平的进步，福利机构越来越重视康复和治疗的作用。目前的儿童福利机构大多具备养护、教育、救治康复等多方面功能，拥有建设齐全的设施，适合儿童生存发展的环境，机构福利服务内容更加丰富。

其次，由重服务发展到福利服务与津贴并重。在过去的几十年，我国的儿童社会福利主要是以服务为主，尤其是福利机构的养育服务。2009 年，民政部先后颁布了《社会散居孤儿抚养标准》和《福利机构集中供养孤儿标准》，孤儿津贴制度得以在全国范围内建立，我国的儿童社会福利制度已经从服务转向福利服务

---

① 张静：《2018 民政事业成果丰硕》，《中国民政》2019 年第 1 期。

与津贴并重的阶段。目前适度普惠型儿童社会福利建设更加丰富了福利内容,例如,从孤儿基本生活津贴到残疾和重病儿童医疗康复津贴,艾滋病儿童生活津贴。

再次,面向儿童的康复、就业住房福利也逐渐增多,许多地区都实施了孤残儿童康复计划和就业援助计划;儿童社会福利服务设施和服务网络正在拓展,全国范围建立了越来越多的服务设施,如有声读物图书馆、无障碍设施等。①

三、完善残疾人福利事业制度

(一) 创新残疾人社会福利制度理念

残疾人社会福利制度在不断地发展中逐步得以完善,目前正在向着促进残疾人发展的"平等、参与、共享"的目标稳步前进。首先,理念转变,从残疾人是家庭和国家责任,到家庭、国家、社会共同责任理念的转变。家庭是传统的保障单位,在中华人民共和国成立之后,国家逐渐承担起保障残疾人基本生活的责任。随着经济发展和社会进步,残疾人作为社会的有机组成部,社会的责任逐渐被大众所接受。因此,党和国家现阶段扩大残疾人社会福利的资金和服务来源,通过利用社会上的资源,建设残疾人社会福利事业,以满足残疾人对保障(福利)服务的多元化需求。其次,不再认为残疾人是问题与负担,从另一种角度,即优势视角看待残疾人,建立积极性残疾人社会福利。在优势视角下更加注重残疾人自身的力量,通过加强康复训练发挥自身优势。为残疾人进一步接受教育和融入社会,贡献力量提供了条件。制度理念的转变残疾人福利事业在保障残疾人基本生活的基础上,为其发展营造良好环境,让残疾人能够正确认识自身,积极面对生活,有利于提高残疾人福利。②

(二) 完善残疾人社会福利制度性保障

我国残疾人社会福利取得长足发展,离不开各部门的共同努力和完善的政策支持。进入21世纪以来,国办发〔2010〕19号文件提出加快残疾人社会保

① 戴建兵:《我国适度普惠型儿童社会福利制度建设研究》,博士学位论文,华东师范大学,2015年。
② 何玲:《我国残疾人社会福利发展路径和特点研究》,《残疾人研究》2016年第1期。

障体系和服务体系建设，国办发〔2015〕7号文件提出加快残疾人小康进程，2016年，中国残疾人联合会发布了《“十三五”残疾人托养服务工作计划》和《提高残疾人职业技能规划（2016—2020）》。国家卫生计生委等部门联合发布了《关于进一步完善重度残疾人医疗服务和保障的通知》。上述一系列政策文件的大量出台意味着残疾人福利的体制保障更加完善。以上种种表明：我国残疾人福利制度框架、政策体系初步形成，我国残疾人社会福利已经基本完成从补缺型福利向制度型福利的转变，正在逐步建立与中等发达国家水平相适应的现代残疾人福利制度。①

（三）丰富残疾人福利服务内容

随着社会的进步，残疾人福利服务内容大为拓展，基本上涵盖了残疾人生存和发展需求的不同层次和各个方面。残疾人基本福利制度从增强残疾人自身的生存能力来面对和解决各种风险方面提供服务。如建立贫困残疾人生活补贴制度，解决残疾人收入短缺问题。建立残疾人康复救助制度，帮助残疾人恢复机体功能。重度残疾人护理补贴制度为残疾人提供必要的护理服务。

从福利所涵盖的内容看：一方面，这部分福利保障残疾人及其家庭基本生存，解决吃穿等生活问题，为残疾人群体编织了一张可靠的安全网，真正兜住民生底线。另一方面，残疾人福利提供实现残疾人自我发展服务，以促进社会平等和实现所有残疾人的发展潜能为目标。这部分福利服务支持和鼓励残疾人积极参与公共活动和融入社会。例如，它保障残疾人在城市免费乘坐交通工具，使用公共文化场所和设施，参加各种体育、文化和娱乐活动，这为残疾人提供了增强自信心、完善自我和追求理想的机会。这种具有足够包容度的“大福利”不仅是保障残疾人社会生存的基本权利；它还有各种向上提升的可能性。它将残疾人视为人类多样性的一部分，为他们平等和充分融入社会生活提供便利条件，并最终服务于人类和社会发展的最高目标。②

① 何玲：《我国残疾人社会福利发展路径和特点研究》，《残疾人研究》2016年第1期。

② 徐爽：《新时代残疾人福利权保障的发展演进与立法建议——从理念、政策到法治化》，《残疾人研究》2018年第1期。

第二节　提升社会福利事业服务水平

一、不断加强社会福利事业财政支持

（一）在党的领导下，政府财政支持规模投入总量持续快速增长

随着社会经济的发展和国家财力的增强，各级财政对社会福利事业的投入不断增加，已成为社会福利事业快速发展的重要保证。如图 6－1，从财政总体投入情况看，各级财政用于社会福利事业的支出由 2008 年的 35.5 亿元增加至 2018 年的 261.5 亿元，10 年间增加了 226 亿元的支出。可以看出，随着经济的发展，党和国家持续不断地为社会福利事业投入资金支持。

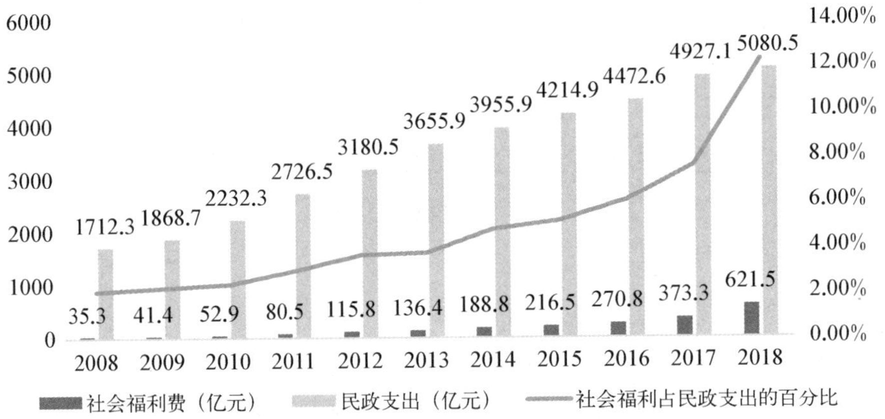

图 6－1　2008—2018 社会福利及民政支出变化

资料来源：根据 2008—2018 年《民政统计公报》相关数据整理。

（二）社会福利事业是民政事业的重要组成部分

在图 6－1 中，社会福利支出占民政事业支出的比重从 2008—2018 年不断提高，从 2008 年只占到 2%至 2014 年的 4%，尤其是从 2017—2018 年，社会福利事业支出占民政支出的比重得到大幅提高，这表明党和国家愈来愈重视

社会福利事业对社会和谐的重要性，更加注重以人为本的发展理念，使经济发展成果惠及每一个人。

（三）以儿童福利财政支出为例，国家对儿童福利发展的财政支持持续增加

儿童福利支出从 2007 年的 1.079 亿元增加至 2015 年的 54.8 亿元。地方政府也增加了对儿童福利的投资。截至 2017 年 6 月，22 个省颁布了鼓励发展普惠性幼儿园的政策。天津市一次性财政资金最高达到 200 万元，用于支持普惠性幼儿园的发展。以北京和青岛为例，在平均每年 3000 元学生补助的基础上，北京将对积极主动按照规定接受管理的普惠性幼儿园给予奖励和补助。山东省青岛市普惠性幼儿园的补贴政策是 2017 年补贴 2400 元/学生/年，2018 年补贴 3600 元/学生/年以上。全国学前教育投资总额为 2802 亿元。民政部关于 2016 年彩票公益金使用情况的公告显示，2016 年彩票公益金中，儿童福利项目投资 6.27 亿元，为历年最高水平，占当年彩票全年总投资的 24.4%。①

二、持续完善社会福利事业基础设施

（一）在社会福利基础设施建设方面，党不断加强规划引导，推进了社会福利设施与社会福利统筹发展

首先，符合国家专项规划、贴合大众需求的社会福利设施建设规划已逐步制定，与国家颁布的经济社会发展规划、城乡建设规划和土地利用总体规划等协调，推动社会福利设施建设。在基础设施建设过程中，不断统筹城乡、区域、家庭、社区和机构在社会福利事业中的发展，统筹公私社会福利服务业发展，优化社会福利设施布局，满足人民群众多样化需求。

其次，从社会福利基础设施的资金来源方面来说，国家对其资金投入继续

① 蔡秀云、李雪臣：《我国儿童福利事业发展现状分析》，《经济研究参考》2017 年第 53 期。

加大,努力建设社会福利设施。党和政府将社会福利设施建设纳入各级预算,建立长期投资机制和动态保障机制,确保中央和地方各级政府预算中的专项投资支持社会福利事业;目前福利彩票公益金重点支持和优先发展社会福利事业,其中,规定各级民政部门每年保留的福利彩票公益金要以不低于50%的比例投入社会养老服务体系建设。① 为了实现社会福利设施建设各阶段的目标,上级按照总分的方式,将各项任务逐步分解细化,责任落实到每一个人,极大地提高了办事效率。

(二) 党不断完善社会福利设施安全规范,在社会福利设施安全管理方面取得明显成就

首先,努力健全法律法规,严格准入与退出机制,并建立监管机制,在设施建设中严格要求,全面禁止违法乱纪行为,加强对各环节的管控,以此来为社会福利服务营造安全有序的发展环境。

其次,细化社会福利标准,建立人员、设施、安全等方面的标准细则,建立相应的评定制度,更加规范了社会福利的落实。

最后,社会福利设施从业人员的专业教育和职业培训得以加强,职业资格证书制度提升了社会福利服务专业化水平,充分提高社会福利行业协会和中介组织的积极性,经常性开展社会福利设施标准制定、行业规范、行业自律等活动。②

(三) 在社会福利基础设施建设方面,党不断加强资源整合,推进了社会福利设施与社会福利协调发展

历年来,国家建设众多以提供养老服务为主,又能兼顾其他特殊困难群体的偏综合性的福利机构,这样做在提高效率的同时又能极大限度的整合资源。党和国家还采取措施鼓励闲置医院、企业、农村集体住房和各类公共培训中心、活动中心、养老院、酒店、招待所等进行改造,通过替换或改变用途而变成社会福利设施,此举更加提高了整合和利用社会资源的效率。

---

① 陆颖:《社会福利设施建设之策》,《社会福利》2012年第6期。

② 陆颖:《社会福利设施建设之策》,《社会福利》2012年第6期。

党不断创新设施建设运行机制。近年来，多采用公建民营的形式建设社会福利设施，这种合资合作的方式既可以激发市场活力，提高专业化水平，也为国家节省了项目经费和人力、物力。创新运营机制离不开稳定的外部环境，通过制定法规规范等，合理界定公私的权利，具体的实施细则为公私合作保驾护航。在监督方面，形成定期工作机制，实现对经营实体的监督管理，保证服务的质量。

三、继续提升社会福利事业服务能力

（一）老年人福利覆盖面不断扩大，福利水平在不断提高

如图 6－2 所示，全国养老机构和设施数量从 2010 年的 3.99 万个增长至 2017 年的 15.5 万个，每千人均床位数从 2011 年的 19.1 个到 2017 年的 30.9 个。可以看到从 2011 年至 2016 年每千人均床位数量不断增加。老年人福利的覆盖面正在扩大。截至 2018 年 9 月，约有 29.3 万家国家养老服务机构，床位 732.5 万张。全国 29 个省建立了老年人护理补贴制度，20 个省建立了留守老年人护理服务制度。领取老年津贴、服务津贴和护理津贴的老年人人数分别达到 2680 万人、354 万人和 61 万人。① 党领导的福利事业水平不断提升，以北京和上海为例，从 2008 年开始，北京向本市居民发放居家养老服务补贴、老年津贴和老年医疗补助，为老年人提供了额外的养老保障和福利待遇。2018 年，北京市将老年人居家养老服务补贴、高龄津贴、高龄老人医疗补助整合为高龄津贴制度，增设困难老人养老服务补贴和失能老人护理补贴，与困难老年人慰问补贴一起，构成北京市全新的老年人养老服务补贴津贴制度；同时，根据北京市经济社会发展情况，适度扩大普惠型津贴范围，适当提高保障型补贴待遇标准，体现了公平和可持续发展的理念，有效缓解老年人在生活护理方面的困难。② 为实施《上海市老年人权益保障条例》，上海自 2016 年 5 月 1 日起正式实施综合养老津贴制度。截至 2018 年，共支出 112.9 亿元，惠及

---

① 张静：《2018 民政事业成果丰硕》，《中国民政》2019 年第 1 期。

② 安娜：《北京养老新政进一步全面拉升老年人幸福指数》，《中国社会工作》2018 年第 32 期。

339.8万老年人。该制度实施以来,老年人福利水平得到有效提高,老年人福利得到改善,老年人的归属感和满意度得到提高。

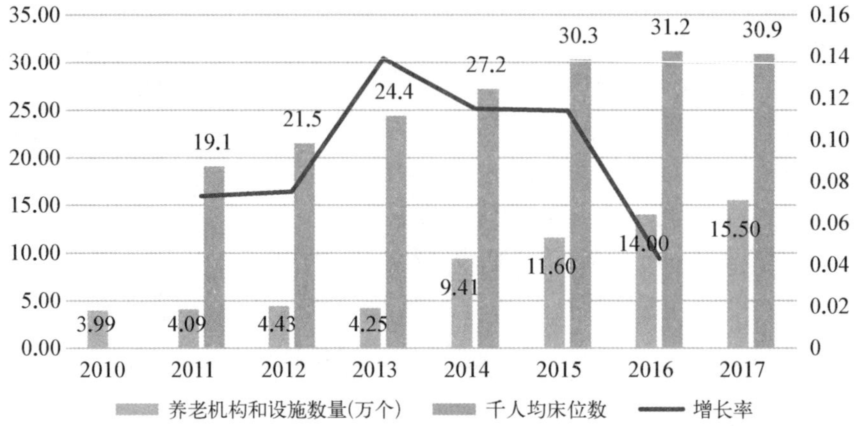

图6-2 2010—2017年养老机构和设施数量、千人均床位数及增长率

资料来源:根据2010—2017年《民政统计公报》相关数据整理。

(二)儿童福利服务的范围不断扩大

中国的儿童福利服务正在从主要为孤儿、残疾和贫困儿童提供救济的系统转变为适度普惠的福利系统。服务覆盖范围正在扩大,覆盖的儿童人数正在增加。覆盖的人口已经从福利机构抚养的孤儿扩大到所有孤儿,包括寄养孤儿和贫困儿童。未成年人、受艾滋病影响的儿童、弃婴、流浪未成年人、无人陪伴的儿童、贫困家庭的残疾儿童、重病儿童和留守儿童也享受社会福利服务。此外,儿童福利涵盖儿童的年龄周期上下有一定扩展。向上指的是延伸到青年、孤儿和残疾儿童向成年人的过渡以及就业安置正在成为儿童福利系统服务的一个重要部分。向下指的是更加重视对婴儿和学龄前儿童的福利服务。

(三)儿童福利服务覆盖的人数不断增加,服务水平不断提升

2010年各地积极推进基层儿童福利与保护服务体系项目以来,该项目为在中国最偏远和贫困地区向困境儿童提供福利保护服务,目前项目模式已被

各地推广至 5.9 万多个村(社区)，进一步扩大了儿童福利保障服务对象的数量。如图 6 - 3 所示，从 2010 年到 2014 年我国儿童福利机构数量不断增加。儿童福利机构和设施数量从 2010 年的 335 个增长至 2017 年的 469 个，儿童福利机构床位数从 2010 年的 5 万张到 2018 年的 10.4 万张。儿童福利的覆盖面正在扩大。2015 年在全国 101 个县开展百县千村基层儿童福利服务体系建设试点，儿童福利在基层覆盖面进一步扩大。2018 年全国 41 万孤儿、弃婴纳入了国家养育，集中和分散供养水准分别达到人均每月 1335 元、913 元，配备乡镇(街道)儿童督导员 4.46 万名、村(居)儿童主任 61.53 万名，基本实现全覆盖。①

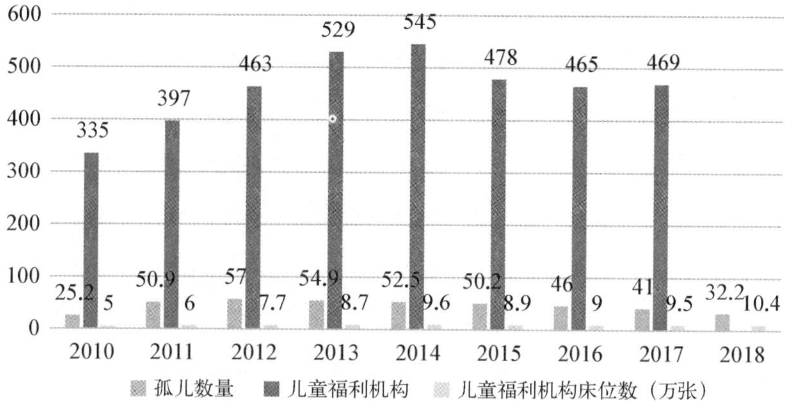

图 6 - 3　2010—2018 年儿童福利机构及床位数量变化

资料来源：根据 2010—2018 年《民政统计公报》相关数据整理。

(四) 残疾人福利事业成就巨大

据十三五报告显示，“十二五”时期以来残疾人权益保障制度不断完善，基本公共服务体系初步建立，残疾人生存发展状况显著改善。588 万农村残疾人脱贫，950 多万困难和重度残疾人得到康复服务，残疾人福利覆盖面不断扩大。中华人民共和国成立初期，残疾人福利政策主要针对残疾军人、对福利企业进行生产指导和税收减免，是典型的残疾人补缺型福利政策。改革开放以来，残疾人福利走上了社会福利与服务并重的发展道路，残疾人生活、医疗、康复、教

① 张静：《2018 民政事业成果丰硕》，《中国民政》2019 年第 1 期。

育、就业等方面需求得到系统保障,中国残疾人社会福利发展全面向制度福利方向推进。建立了以残疾人两项补贴制度为支撑的基本生活保障制度,保障对象由传统的“三无”“五保”对象中的残疾人,拓展至现在覆盖所有符合条件的残疾人。截至2018年10月,86.5万名残疾人被纳入特困人员救助供养范围,900.6万残疾人获得困难残疾人生活津贴,1 085.3万残疾人获得严重残疾人护理津贴。①

(五)党领导的残疾人福利服务能力得到改善

在社会福利机构康复服务方面,改革开放40年来,社会福利部门为制度建设积极拓展资金来源,财政资金、福利彩票被充分利用,社会资本也不断投入,社会福利机构基础设施建设不断加强。截至2018年,民政部门直属的智障与精神病人服务机构有239个,为41.2万各类残障人提供康复服务。从图6-4可以看到,成人肢体残疾人社区、家庭康复人数在2016年有53 903人,到2015年已有319 676人。智残、肢体残疾儿童康复人数在2016年分别是25 657、13 674人,到2015年已有145 937、33 095人。以这三类为例,各类康复训练人数不断增加。2004年,民政部启动了“儿童福利机构孤儿和残疾儿童

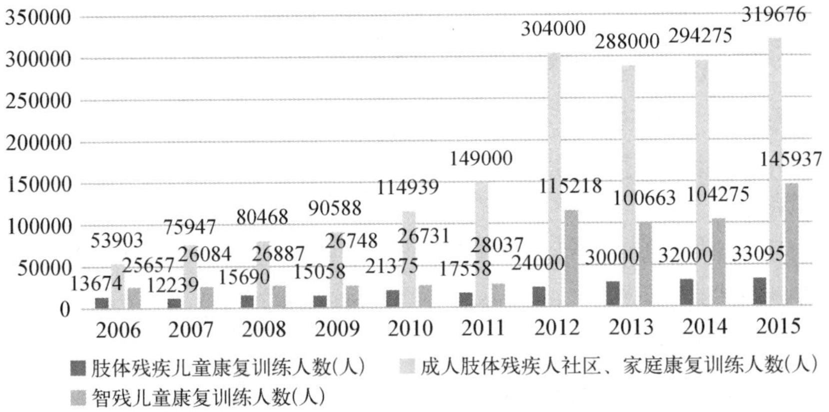

图6-4 2006—2015年残疾人康复训练人数变化表

资料来源:根据2006—2015年《中国统计年鉴》相关数据整理。

① 徐建中:《改革开放40年民政部门残疾人工作回望》,《中国民政》2018年第24期。

手术康复明天计划”。项目实施 14 年来，共投入福利彩票公益金 15 亿元，手术康复的孤儿和残疾儿童 12.5 万人，近 4 万人重返家庭，得到党和国家领导人的充分肯定和社会各界的广泛好评。

（六）残疾人教育工作方面

以特殊教育普通高中在校生数和高等院校录取残疾考生数为例，如图 6－5 所示，从 2007 年至 2017 年特殊教育普通高中和高等院校录取的考生数总体呈上升趋势。

图 6－5　2007—2017 年残疾人教育

资料来源：根据 2007—2017 年《中国统计年鉴》相关数据整理。

（七）在残疾人就业保障方面

改革开放初期，盲、聋、哑残疾人在民政部门开办的社会福利工厂工作，解决了出路问题。据统计在 1986 年全国大中城市约 7 成的残疾人实现了就业。1955 年前后我国福利企业数量和残疾职工数量人数达到最多。进入 21 世纪后，我国积极地适应企业股份制改革和现代企业残疾人就业困难的形势，在 2007 年，财政部、国家税务总局与中国残疾人联合会一道，推动颁布了《促进残疾人就业税收优惠政策通知》，实施了新的福利企业税收优惠政策，这是福利企业发展史上非常重要的转折。党的十八大后，党为促进残疾人就业，对残疾人集中就业税收优惠政策作出调整。经国务院批准,财政部和国家税务总局在2016年联合发布《关于促进残疾人就业增值税优惠政策的通知》,这一新政的出台,残疾人就业的人数又有了进一步增长。

第三节　促进社会福利事业转型

通过对党领导的社会福利事业发展的梳理,可以发现,社会福利事业由于计划体制的影响,以官办、封闭单一式运作以及低层次水平为主要特点,随着党领导中国人民富起来再到强起来,居民福利需要呈现多元化、高层次发展趋势,新时代党领导的社会福利事业社会化系统性转型势在必行,推进政府包办福利事业向政府购买福利服务转型,推进社会福利事业管理型政府向服务型政府转型,促进依附型社会组织向伙伴型社会组织转型。

一、促进政府包办福利事业向政府购买福利服务转型

政府购买服务反映党领导的社会福利事业中政府作用与角色的变迁,也反映出指导党的社会福利事业发展理念与时俱进。改革开放以来,社会福利事业相对封闭的福利供给格局,呈现社会化转型势头,社会福利事业更加多元,不同主体之间更多互动合作,政府包办开始转向政府主导,并进一步向政府-社会合作的社会福利模式发展。

政府包办服务暴露的弊端,对提高社会福利服务效率提出了改革要求,部分地区先后开始了政府购买服务的积极探索。第一个进行服务购买尝试的城市是上海,1995年"罗山市民会馆"开创了中国最早的地方政府向社会组织购买服务的先例。当年,浦东社发局和罗山新村街道办事处等委托上海青年会管理"罗山市民会馆",作为集社区教育、社区文化、救助服务、体育健身等社区功能为一体的市民休闲和社会交往场所。上海全市开始试点购买社会养老机构的福利服务始于2000年,改革工作最初在12个街道进行。经过一段时间检验,上海的政府购买服务从养老领域开始向其他领域延伸。以浦东新区为

代表，浦东新区成立之初即实行“小政府、大社会”的管理模式，注重政社合作、政社互动，特别是在政府购买服务方面，开展了一系列的探索实践，政府还专门组织多个部门与10多家民间组织集中签订购买服务合同，购买内容涉及机构和社区养老、残疾人服务和慈善救助等方面，获得了较高的社会评价。浦东在助残、帮困等10余项社会福利服务领域开展了政府购买服务，已经积累比较丰富的经验，在此基础上，政府购买的力度越来越大。2019年，浦东新区区级财政安排政府购买服务经费29.67亿元，其中包括教育、社会救助、养老服务、残疾人服务等基本公共服务领域21.85亿元，社会管理服务1.26亿元，行业管理与协调性服务1.37亿元，技术性服务1.06亿元，政府履职所需的辅助性事项4.13亿元。①

全国其他城市也开始进行购买服务的探索实践，购买服务的范围扩展至社区服务、医疗服务、教育服务等各个服务领域。2008年前后，广东深圳和浙江杭州等地政府也培育了多家社会工作机构，在社会福利与救助、残障康复等领域推进政府购买专业社会组织的服务，服务项目不断拓展，改革设计日益完善。

更多民间社会服务组织以专业化的身份参与社会福利事业，政府向社会组织购买社会服务越来越多见。研究表明，政府向社会组织购买的项目包括货物、工程和服务等，而服务项目既包括社会福利事业公共服务和后勤服务，公共服务是服务项目的主要部分。公共服务一方面向非营利性组织购买；另一方面也向营利性组织购买，而非营利性组织是政府购买公共服务的重要主体。实践证明，不少民政主管部门通过购买民间组织的服务，丰富了社会福利供给，较好促进了相关事业单位的社会化转型。

不同于政府和企业的是，民间组织属于“第三部门”，其特点是具有非营利性、志愿性和自治性，能够整合社会资源，具备专业人才集聚、机制灵活、反应迅速等独有的组织优势和制度优势。政府向民间服务组织购买服务，满足老弱病残等弱势群体的福利需求，既有利于促进政府职能重大转变、精简政府机构、提高行政效率，又便于选择低成本、专业化的服务，实现社会福利资源优化配置。

---

① 张淑贤：《浦东探索政府购买服务取得积极成效》，《浦东时报》2019年10月11日第2版。

从“政府包办”走向“政府购买服务”,对于政府、社会组织和服务对象来说。可以达到共赢。政府通过购买社会组织的服务,使政府能够以较低成本获取较高质量的专业服务,将更多精力用于管理监督,更好履行政府的公共管理职能。而社会组织也因为政府支付的购买资金,而获得稳定的经费来源,组织的生存和发展获得更可靠保障。社会福利的服务对象则通过政府购买服务,获得经济适用的专业服务。政府购买服务作为社会福利社会化的积极尝试,需要逐步完善过程。目前,政府购买服务的改革还处于不断探索阶段,难免出现这样或那样有待完善的薄弱环节:例如弱势群体的教育、职业发展等社会功能恢复的需求通过政府购买服务的形式尚未能得到有效满足;国内民间社会服务组织发展不够成熟,服务质量与管理方式难以跟上政府购买服务的现实需要;政府对服务购买的形式、内容与具体要求尚不明晰等。正因如此,后续购买服务改革的深化,需要认真总结党领导社会福利事业社会化的实践经验,在党的领导下,促进服务对象、服务机构与政府部门之间密切合作,拓展新时代社会福利事业社会化的路径。

二、推动社会福利事业管理型政府向服务型政府转型

政府从具体提供服务到购买社会组织的服务,社会事业社会化转型对政府定位提出转型要求,政府必须从管理型转型为服务型。管理型政府比较强调官本位和权力本位,注重通过行政管理手段维护社会秩序;服务型政府更强调公民本位、权利本位和社会本位,注重通过经济、法律、行政等手段为公民提供公共服务。社会福利事业要求政府提供市场所无法提供的公共产品和公共服务,服务型政府建设势在必行。具体从社会福利事业来说,政府可通过社会福利职能转化、向社会让渡部分职能以及支持社会福利事业单位的复合式发展的方式,促进政府从管理型向服务型转型。

(一) 政府社会福利职能转化

政府从具体服务转向规划、管理和监督,就社会福利事业来说,政府职能应偏重主要管理领域:完善社会福利事业的法律框架;对社会福利事业、公共

产品和公共服务进行整体规划；为社会福利事业提供财政支持；明晰社会福利事业供养机构的产权关系。政府专于社会福利事业建设的主导作用，更能够发挥主体优势，政府更多精力主要集中在政策实施前的制度制定、政策实施中的财政支持与具体管理制度规定与政策实施后的评估与监督等管理环节。具体就社会工作队伍管理来说，政府聚焦于更为具体的社会工作发展规划与明确机构社工的职责任务，落实社工人才教育培训规划，加强社会工作知识和技能的培训，运用社工在社会福利事业单位开展社会实践工作，建立薪酬保障、职业晋升和奖励机制等。

（二）政府向社会让渡部分职能

政府角色转变和社会福利职能转化的过程，实质上就是政府职能部分让渡的过程，也是社会福利事业单位减负的过程。政府向社会组织购买服务，促进政府自身的转型，也促进社会福利事业单位管理体制转型，福利事业单位部分服务工作可以通过购买和外包的方式，让专业社会组织参与，政府事业单位就可以扩大服务量和覆盖面。社会福利事业单位数量有限，而社会服务需求不断增加，老龄化深度发展带来社会化养老服务需求不断增长，仅靠城镇社会福利事业单位的力量，无法满足社会的服务需求，部分服务项目应当由社会组织来承担。针对实践中存在的社会组织总体规模较小、资源短缺、服务能力较弱等现实问题，党领导国有企业改制的历史经验值得借鉴，进一步深化社会福利事业单位改革，改变以人养事的僵化体制，推进部分公益性事业单位转型为专业社会组织，给社会组织的发展提供更大空间，并逐步培育和扶持一批规模化、品牌化的社会组织，承接社会事业单位部分让渡的公共服务职能。

（三）社会福利事业单位的复合式发展机制

政府让渡部分公共服务职能，促进社会福利事业单位改革，为社会福利事业单位复合式发展机制创造机遇。复合式发展也就是公办社会福利单位通过购买外部服务与转换内部机制相结合的方式，实现自身机制转型。一方面，社会福利单位由于资源不足，寻求向社会组织购买服务。社会福利服务的社会工作、心理咨询具有较强专业性，而事业单位内部人员专业性不足，社会福利事业单位通过向社会服务组织购买服务的方式,加速本单位的专业化发展。另一方面,社会福利事业单位转换内部机制,提高专业化水平。不少社会福利单位内陆续设立社会工作或心理咨询等专业科室与岗位,培训或招聘专业工作人员,鼓励现有职工参加社会工作等专业资格考试,提高职工的专业化水平,形成专业化转型的内部机制。向外部购买与对内部转换机制,这种复合式发展,充分发挥两种方式的长处,形成福利事业单位和社会组织合作的专业化合力,在不断实践探索的过程中,加快社会福利事业社会化转型,提高服务的专业化水平。

三、推进依附型社会组织向伙伴型社会组织转型

社会组织接受政府社会福利购买服务,成为部分地区社会福利事业转型的主要方式,凸显在福利供给中政府和社会组织的伙伴关系,成为党领导社会福利事业体制创新的新做法,也推进社会组织从依附型向伙伴型转型。

(一)政府购买社会福利服务塑造双方伙伴关系

在初始阶段,社会组织对政府形成较明显的依附关系,而非平等的伙伴关系。政府民政部门负责资金发放与项目评估,决定购买项目的投放方向,具有更大的主动权和决定权,社会组织被动接受挑选,在机会有限的情况下,社会组织对政府依赖性较高,购买双方难以形成平等式的契约关系。传统社会福利事业单位根深蒂固的行政作风,对新生的社会组织力量形成强大的同化作用,影响社会组织的发展路径选择及其专业功能的发挥。社会组织的专业服务力量不得不接受和适应社会福利事业单位的行政安排,一定程度上限制社会福利事业单位专业服务的人力、时间等资源。随着政府购买服务资金的增多和项目的扩展,政府和社会组织之间的关系走向平衡,伙伴型关系是发展的大势所趋。伙伴型关系更有利于双方的合作,共同提高社会福利事业供给能力。这就要求政府在购买服务的过程中,给民间组织更独立的发展空间,营造公平透明的服务竞争环境,确保采购经费的稳定化与制度化。

（二）政府在购买社会福利服务的过程中给民间组织以独立发展空间

政府注意力主要在服务效果的合理控制，减少在具体服务过程中的不必要干预，给民间组织更独立的发展空间。就党领导的社会福利事业社会化转型实践来看，政府购买服务的具体方式主要有岗位购买、项目购买与民办非企业单位直接创办福利机构。成功的经验表明，政府对于社会组织参与城镇社会福利事业，应逐渐摒弃传统无效或不合理的做法，越重视制度创新和完善购买的方式、流程、评估体系等，越能为社会组织创新提供空间，激发社会组织服务活力。

（三）政府在购买社会福利服务的过程中营造公平透明的服务竞争环境

为了扩大社会组织公平参与机会，扶持社会组织均衡发展，政府面向社会遴选优质的民间组织提供社会服务的过程中，首先要公布购买预算，给社会组织作为参考。竞标过程设计合规合法，坚持有序竞争、公开、透明、专业，积极听取社会福利领域的专家意见，在尊重程序的基础上决定取舍。对于立项的政府采购项目，政府部门仍要建立专家考评机制，建立对服务项目实施的情况进行定期考核，建立事前评定、事中监管、事后评估相结合的综合绩效评价体系。党领导的社会福利改革实践表明，在投标过程中，政府发挥组织者作用，确立科学合理的服务价格与服务标准，打造公开、透明和公正的招标平台，社会组织更具有参与的积极性和发展的热情。

（四）政府在购买社会福利服务的过程中确保采购经费的稳定化与制度化

为顺利推进政府购买服务的常规化与制度化，政府购买社会服务的经费纳入年度采购预算是比较普遍的做法，通过专款专用的管理办法，可以防止挤占挪用现象的出现。随着社会福利事业社会化改革的深化，政府购买的财政预算越来越规范，随机性财政划拨逐步转变为制度性的支出，由财政部门编制预算，将公共财政支持社会组织发展列入年度财政预算。也有的由预算单位在年度预算中申报购买服务的项目预算，财政部门审核安排。

第四节 建设适度普惠型社会福利事业

随着中国特色社会主义迈进新时代，社会的主要矛盾出现新变化。表现在社会福利事业领域，人民日益增长的美好生活需要和社会福利事业不平衡不充分的发展之间的矛盾备受关注。党的十九大报告中提出，发展的目的就是为了人民的美好生活，要把改革的成果惠及每一个人，为人民群众谋福利，是党领导社会福利事业的一贯宗旨。针对社会福利事业不平衡不充分的发展的问题，党的社会福利事业从过去补缺型，逐步走向具有中国特色的适度普惠型。

一、促进社会福利事业从补缺型转向适度普惠型

党领导的社会福利事业曾经出现初创时期“包得过多”和市场化体制改革初期“管得过少”的情况。在国力有限的情况下，包办福利除了效率不高之外，还必然导致覆盖面有限，只能采取针对困难群体的补缺型福利；福利事业的市场化、商品化，会使得真正需要保障的困难群体得不到基本服务，偏离了社会福利事业的公共属性。民政部于 2007 年提出推进福利模式从“补缺型”向“适度普惠型”转变的要求，即“社会福利从基本的、有限的福利向一个适度的普惠类型转变”。[①] 补缺型社会福利事业转向适度普惠型社会福利事业，经过站起来、富起来到强起来不同时期，包括创建、改革与跃迁等三个阶段。

（一）站起来时期的创建阶段

社会福利事业以计划经济为基础，以“城乡二元结构”为区分，具有低水平、广覆盖的特点。在城市，由国家负责建立了包括各类收养性事业单位；在农村，基于土地保障，对困难群体实行“五保”制度，即在吃、穿、住、医、葬等方

① 齐红芳、曾瑞明：《近年来关于适度普惠型社会福利的研究综述》，《社会保障研究》2011 年第 5 期。

面，对缺乏或丧失劳动能力、无依无靠、没有生活来源的老、弱、孤、寡、残疾人员给予基本生活照顾和物质帮助。这一阶段社会经济发展水平比较落后，社会福利事业建设让位于经济发展，让位于工业优先发展，城乡福利保障水平还只能维持基本生存需要，覆盖人群主要是特殊困难群体。

（二）富起来的改革阶段

社会福利事业随着经济体制改革而逐步转型，国家不再包办社会福利事业，转型的初期曾经尝试移植企业改革的经验，走社会福利市场化、商品化的路径，强调发挥市场力量和个人责任。这无疑混淆了事业与企业的属性，放弃了政府公共管理责任。2003 年以后，党提出科学发展观，确立和谐社会发展目标，富起来的阶段国家财力越来越起到支撑作用，我国的福利制度开始在“以人为本”与“和谐社会”思想的指导下发生变化。党的十七届中央委员会提出“加快推进以改善民生为重点的社会建设”，并明确“构建社会主义和谐社会”的关键问题是“努力使全体人民学有所教，劳有所得，病有所医，老有所养，住有所居”。[①] 此后，党领导的社会福利事业建设速度加快，并开始拓展新形势下的福利制度建设。总的来看，尽管社会福利事业更加重视“以人为本”，各方面建设有了显著的变化，但其仍是一个以补缺型为主要特征的福利制度。这种补缺型的社会福利事业是具有选择性，即对社会中一部分人，特别是重点针对特殊困难群体给予福利救济和福利服务。

（三）强起来时期的跃迁阶段

随着中国特色社会主义进入新时代，党明确提出人民对美好生活的需要，就是党奋斗的目标。党的十八大以来，国家财政加大了社会福利事业的支出，社会福利事业水平提高和覆盖面扩大具有扎实的物质条件，党更加重视基层社区建设，社会福利事业从收养机构服务拓展到机构服务与社区服务并重，适度普惠的社会福利事业具有了网络支撑。

从历史变迁来看，社会福利事业经历了从补缺型逐步转向适度普惠型的

---

① 《胡锦涛在中国共产党第十七次全国人民代表大会上的报告》，《人民日报》2007 年 10 月 25 日第 1 版。

演进。从实践来看,人民群众的福利需求也对适度普惠的社会福利事业提出了要求。

首先,农村留守老人、妇女和儿童的福利需求。随着流动人口的大规模出现,农民工进城导致家庭分离,农村留下大量的留守儿童、妇女和老人的问题已经十分突出,适度普惠的农村社会福利事业有待加强。有研究显示,截至2013年,我国农村有4 000万留守老人、5 000万留守妇女、6 102.5万留守儿童。据推算,到2020年底,留守老人约有5 000万人。[①] 农村家庭结构的不完整,对孩子的抚养、教育、营养、健康和精神的社会支持提出了要求。

其次,人口高龄化发展造成养老福利服务形势严峻。据已有数据测算,到2020年底,我国60岁以上的老年人口将达到2.43亿人。[②] 这中间还有大量的失能、失智、失独、孤寡和空巢老人,他们需要卫生保健、医疗护理、生活照护和精神抚慰等方面的养老福利机构供养和社区福利服务。

最后,回应人民美好生活向往的社会服务体系还不完备。中国特色社会主义进入新时代,人民群众全面建成小康社会以后,必然会对社会福利事业有新的要求,期待具有适度水平和更加普惠的社会福利事业。比如残疾人需要提供身心治疗的社区康复服务,以便自食其力更好的投入和融入社会,妇女儿童需要方便高效的保健和托养服务,广大老年人需要更多机构养老和居家养老的选择机会等。

党深刻认识到适度普惠型社会福利事业建设的必要性和可能性,提出社会福利从基本的、有限的福利向一个适度的普惠类型转变的取向。首先是服务人群的转变,即服务所有人群,不仅包括老年人和残疾人等特殊群体,还包括其他有福利服务需要的人;其次是在服务项目和产品的供给上的转变,满足不同人群不同层次的多样化的需求,将服务从机构供养扩展至机构供养与社区服务并行,加大社会福利服务的建设力度。

从"普惠"来理解,党领导的适度普惠型社会福利事业体现在覆盖面、服务

---

① 全国妇联课题组:《全国农村留守儿童 城乡流动儿童状况研究报告》,《中国妇运》2013年第6期。

② 根据民政部2013年8月19日在内蒙古自治区乌兰察布市召开全国社会养老服务体系建设工作会议公布的数据。

目标、服务项目和服务质量等方面。在福利服务覆盖面上，从仅覆盖部分人扩展至涵盖所有的公民，包括从事各种职业的城乡人口，不仅包括老年人和残疾人，还包括其他有困难的人；在福利服务目标上，从仅仅服务弱势群体或少部分人扩展至服务全体人民；在福利服务项目上，从经济保障扩展至提供人民群众需求的各种基本社会服务中；在服务质量上，从基本的生存保障扩展至人民享受体面和有尊严的生活。

从“适度”来理解，党领导的适度普惠型社会福利事业体现在满足基本需要、鼓励多种主体多种层次的供给、承认有差异的福利均等。首先，党领导的公共福利事业，主要为了满足公民的基本福利需要，其适度水平表现为保基本而不能超越社会发展水平和发展能力。其次，在公共福利事业保基本的基础上，鼓励更多的社会主体参与社会福利事业的建设中来，支持个人、家庭、社区和社会服务组织的福利服务和福利生产，形成多元主体供给，多种层次并存的福利服务格局。再次，适度具有一定相对性，并不是人人福利服务的分享完全均等化，而是承认有差异的福利服务均等化，针对不同福利服务需求能力，为他们提供公平的福利获得机会，激发每个人的发展潜力，在保基本的基础上，让每个人获得相应的福利服务。

二、明确适度普惠型社会福利事业建设原则

根据历史经验和实践要求，党建设的适度普惠型社会福利事业坚持覆盖全民、重视服务和改善水平等原则。

（一）适度普惠型社会福利事业覆盖全体人民，解决人民美好生活需求与社会福利事业不平衡发展之间的矛盾

适度普惠型社会福利事业是一个渐进发展过程，从覆盖部分人扩大至覆盖所有人，通过社会福利事业项目设计，将服务目标和服务人口逐步整合起来。适度普惠型社会福利事业最终覆盖城乡所有公民，缩小城乡、区域、收入和贫富之间差距。令人欣喜的是，适度普惠型社会福利事业已经处于转变的历史进程中。以养老福利事业为例，公立为主体多种形式共存的、保基本为主

体多种水平并存的城乡养老供养机构数量大幅增加,基于社区的各类养老福利服务设施越来越完善,制度创新取得初步成效,适度普惠型社会福利事业初步形成。

(二)适度普惠型社会福利事业从现金保障扩展至社区服务,以解决人民美好生活需求和不充分发展之间的矛盾

深度老龄化社会加速发展、流动人口的增多和家庭结构的变化,越来越多的群体和家庭需要社会福利服务的支持。适度普惠型社会福利事业为了满足各种服务需求,开始针对不同人群需求,提供多样性社会福利服务社会服务。有的福利服务项目是传统项目的内涵拓展,有的福利服务项目是新型服务项目的投入与建设,构建社区福利服务体系,体现了社会福利服务的创新性、综合性与复合型的发展方向,包括建立社区福利服务网络平台;构建居家为基础、社区为依托、机构为补充的社区老年福利服务网络;拓展社区福利项目,把福利服务的对象扩大至具有需要的老人、残疾人、妇女、儿童和青少年等;丰富社区社会福利服务内容,提供满足人们需要的医疗护理、健康康复、生活照料、心理慰藉、文化娱乐等多方面服务,实现适度普惠型社会福利事业从现金保障扩展至均等化社区服务。

(三)改善适度普惠型社会福利事业水平,从解决温饱问题提升至让人民过上更有尊严和更加体面的生活

党的适度普惠型福利事业,不仅是满足人民群众美好生活向往,还是真正体现社会主义优越性,保证人民福祉的重要制度。因此,适度普惠型社会福利事业不应仅仅是养老、残疾人服务、妇幼保健等多方面的基本福利服务,还应根据社会经济发展,适时调整、改革和创新社会福利事业,在力所能及的前提下,不断提高服务质量和服务水平,体现“以人为本”的情怀。在强起来的历史阶段,党的适度普惠型社会福利事业是一个转折点,把为人民谋福祉作为宗旨和目的,是对站起来、富起来历史阶段社会福利事业的传承和超越。这体现了党把经济改革的成果惠及全体人民,让全体人民分享发展成果,让城乡居民都能够有尊严、体面地生活,让人民有获得感、幸福感、安全感的初心和使命。

三、完善普惠型社会福利事业建设机制

党领导的适度普惠型福利事业不仅具有明确目标和建设原则，还依托财税机制、法律机制和服务机制提供保障。

（一）扩大再分配的社会支出，完善社会福利事业财政和税收机制

国内外实践表明，社会福利事业的探索与发展，实质上是以扩大社会支出、进行再分配的形式来促进全民福祉，缓和阶层、性别、收入、生活等不平等、不和谐的矛盾。党提出的适度普惠型福利事业，体现出通过加大财税支持和社会支出，让人民共享改革成果，为人民谋福利的初心。党和政府通过强化财政支出、发挥税收调节作用，让国家财政和税收政策适当向社会福利事业倾斜，从而推进社会福利制度的构建。具体到税制设计，个税改革既起到缩小收入差距的作用，又起到发挥公平分配的效果。遗产和赠与税也引起了广泛讨论，从公平分配的角度看，有助于体现公平，意味着税收的缴纳跟每个纳税人的收入状况、财产持有状况密切联系，通过富人多交税，穷人少交税或不交税，并得到基本福利支持的政策，完善社会福利事业财政和税收机制。

（二）完善相应法律机制，建设国家主导的社会福利事业体系

适度普惠福型社会福利事业不同于以市场为主导或者主要依靠就业和家庭保障的补缺型社会福利事业，更强调国家的作用，更需要国家法律机制保障，建立以国家为主导的社会福利事业体系，完善社会福利各项法律制度，强调各级政府部门的福利责任。通过法律明确政府在个人和家庭收入、医疗健康护理、住房、教育和培训以及个人照顾服务等领域的行为，政府的行为不仅包含直接的福利和服务的提供。适度普惠福型社会福利事业离不开社会力量和社会资本，包括雇主提供的福利补贴、非营利性机构、慈善事业、工会、社区、宗教和其他资源组织提供的福利服务，以及其他家庭成员、朋友和邻居等非正式方面提供的福利支持等，社会力量的福利服务行为，也需要法律机制引导和保护，对社会福利机构的举办、规则和津贴进行管理和监督。通过完善的法律

机制,强调政府对社会福利事业的主体责任,并对市场和社会服务进行管理、监督和法律维护,构建家庭、社会、政府共同承担福利责任的格局。

(三) 加强社会建设与社会治理,完善适度普惠型社会福利事业的服务机制

适度普惠型社会福利事业是一个从中央到地方政府,再到城乡基层社区都要加强的综合系统工程。社会福利从供养机构延伸至社区服务,加强基层社区的社会治理和社会服务,把社区打造成提供社会福利服务的网络平台,是十分重要的,这正是党和政府一直努力推进的工作。政府作为主导,积极推动社会服务事业的开展,动员各种力量参与社会服务事业,促进社会治理和社会政策创新;非政府、非营利性社会组织和社会企业作为社会福利服务的重要合作伙伴,政府引导其按照社会属性和可持续发展的规律提供专业的、有效的服务,在实践过程中积极探索各种社会服务机构融入方式,扩大社会组织提供有效服务的比例。党和政府注重总结中国特色社会福利事业的模式经验,继续改善福利事业供养机构服务,让老人、儿童、妇女、残疾人享受更高质量服务。同时,党和政府在弘扬社会主义伦理道德风尚的同时,积极建立社区党群组织,形成基层组织引领,社区之内邻里互助、人人做公益、处处有可为的社区福利服务局面。

党领导的适度普惠型福利事业,改革发展目标明确,从服务于特殊群体或少部分人,扩展至覆盖全体人民;坚持覆盖全民、重视服务和改善水平等原则;建立起相应保障机制,让人民群众从基本的收入保障扩展至人民享受有体面和有尊严的生活,体现出以人民为主体,积极回应人民美好生活向往的初心使命。

第五节　构建社会福利事业共建共享格局

党领导社会福利事业经历站起来、富起来到强起来各阶段的演进,从社会福利事业建设主体角度考察,一路走来,可以勾画出国家包办到社会化转型,

再到构建共建共享格局，体现了党和政府与社会力量积极建设合作伙伴关系，共同推进社会福利事业共建共享的努力。特别是党的十八大以来，在社会福利事业领域我国明确提出"党委领导、政府负责、社会协同、公众参与、法治保障"的理念，党的十九大更是明确提出构建共建共治共享的社会治理格局，协同、多元、共享等要素成为社会福利事业领域的着力点，积极跟社会力量合作建设伙伴关系网络，发挥政府、企业、社会组织、家庭等多主体的积极性，共同构建我国社会福利事业共建共享格局。

一、建立福利共建共享格局的伙伴关系

党和政府在把握人民群众社会福利需求和各供给主体特征的基础上，通过制定社会福利政策，定位政府与社会的伙伴关系，形成政府和社会力量合作的格局，激励多元主体参与社会福利事业。

（一）政府部门扮演资源供给者、政策设计者、组织者、监管者的角色

受市场化、商品化改革举措的影响，政府在社会福利事业中的作用一度被过度弱化。党和政府总结历史经验教训，结合我国实际情况，进一步明确共建共享格局和伙伴关系中政府职能，重新审视政府的作用和责任，政府作为社会福利组织者、资源供给者、力量调动者、监管者的角色越来越清晰。社会营利性组织和非营利性组织一定程度上具有选择性、不稳定性等特征，甚至可能会出现违法行为，需要政府去引导和规制。政府结合各个社会福利供给主体的资源和优势，制定社会组织参与社会福利事业供给的政策，并合理界定政府以及其他社会福利事业主体在社会福利供给中的分工，从而在社会福利资源有限的前提下，最优配置社会福利事业资源。

（二）营利性部门、非营利性部门扮演创新者、实施者、协调者的角色

在社会福利事业合作格局中，政府与社会组织运营的方法和手段可能具有差别，但是营利性部门、非营利性部门与政府部门合作目标具有一致的，即促进社会福利事业公正、合理、良性运行，这也是营利性部门、非营利性部门参

与社会治理的基础。营利性部门、非营利性部门与政府部门彼此还具有互补性,政府的强项在集中精力办大事、资金雄厚等方面,而营利性部门、非营利性部门具有提供个性化的、多样化的、灵活的微观服务的优势。实践表明,只要有明确的法规和政策指引,营利性部门、非营利性部门在开展各项活动的时候,都会注重处理和政府部门之间以及相互之间的关系,做好协调者角色,通过自身积极努力与政府及其他主体沟通,找到解决社会福利事业运行的合理方法和路径,通过发挥协调功能,促进民众、营利性部门、非营利性部门、政府部门之间合理分工、互动合作、相互依存、相互补充、相得益彰的伙伴关系。

(三) 个人、家庭及其他社会力量扮演参与者、监督者角色

党和政府重视对于社会福利事业的公共责任,但是在政策定位上,强调个人、家庭在社会福利事业建设中的支持作用。尽管家庭福利功能有所弱化,但是家庭可以在社区支持之下,发挥更加积极的参与者和监督者作用。单位制解体之后,单位不再直接提供社会福利服务,但是党和政府通过工会组织和公益活动,鼓励单位对特殊员工给予福利关心。而作为社会的个体,人与人之间互助的慈善性行动,也是社会福利事业的力量资源,尤其在网络平台发达的新时代,网络慈善等公益活动对社会福利事业形成良好补充。

二、完善福利共建共享格局的伙伴权责制度

党和政府在构建社会福利事业主体伙伴关系的基础上,完善社会福利共建共享格局中福利伙伴的权责制度,包括明确福利伙伴的相关权利以及与权利相对应的责任和义务,为构建更有效的共建共享福利格局提供制度保障。

(一) 有效破除福利伙伴参与障碍,从参与权利等方面保障福利伙伴权益

站起来时期和强起来时期的一定阶段,受传统的政治和经济体制影响,党和政府的社会福利事业运营和服务,主要由社会福利事业供养机构承担,相关财税费倾斜资源也主要用于支持这些机构或组织。政府对社会组织参与社会

福利事业，一度实行较为严格的审批和监督制度，提高了营利性部门、非营利性部门供给社会福利的门槛。这些都曾经造成营利性部门、非营利性部门参与社会福利的选择较少、施展的空间狭窄。强起来的历史时期，中国特色社会主义进入新时代，为满足人民群众多层次的美好生活需要，党和政府加强福利事业各主体的伙伴关系建设，逐步完善福利伙伴的权责制度。2018 年 8 月，民政部颁布《社会组织登记管理条例（草案征求意见稿）》，完善营利性部门、非营利性部门身份制度和社会福利准入和退出机制，为福利伙伴参与提供制度保障。在此基础上，政府清理涉及社会福利事业伙伴参与的行政审批事项，将更多符合条件的营利性部门、非营利性部门的福利服务产品纳入政府采购目录。

（二）有效增强福利伙伴参与信心，从参与权益等方面保障福利伙伴权益

社会福利事业的公益属性，决定其服务收益难以获得利润。国外比较成功的经验是，构建公私伙伴关系，通过提供补贴或者减免税收等对社会组织进行补偿和激励。党和政府的社会福利事业越来越重视从参与权益等方面保障福利伙伴利益，通过金融激励和市场激励等多种手段对合作伙伴给予支持。一方面是金融激励，政府给予资金支持，提供信用补贴，甚至直接参股或者提供贷款贴息等；另一方面是市场激励，政府赋予特许经营权、优先订立项目合同、优先获得交易机会等。政府往往针对项目组织特点和参与的社会组织具体情况，选用不同的激励政策和措施。党和政府在构建共建共享福利格局中，还注重探索多样性激励措施，保障各类社会福利供给主体在财政预算内投资、专项建设资金等资金使用以及税收优惠上获得同等对待，切实保障社会福利伙伴方的权益。

三、构建福利共建共享格局的约束机制

党和政府不仅完善对社会福利事业各主体的激励，还重视对其加强约束，这也是伙伴关系持续发展的必要环节。历史实践表明，一些社会组织在参与社会福利过程中，由于存在组织结构、管理体制、决策程序、财务制度等方面问

题,会出现偏离社会福利目标的行为,有的甚至借机牟取非法利益,这不仅断送社会组织发展机会,也对共建共享格局中伙伴关系造成致命伤害。党和政府因此认识到约束监督的重要性,积极构建社会福利伙伴行为的多维约束机制。

(一) 丰富政府约束手段,加强政府的监管力度

共建共享格局中伙伴关系约束机制,既有行政手段,也有经济手段,政府注重通过特许经营权授予与收回,税收优惠、资金补贴的赋予和剥夺,土地、办公优惠条件的给予与取回等措施的实施来制约福利参与主体,加强政府的监管力度,使监管制度化、常态化、精细化。

(二) 充分发挥评估的作用,保障社会福利目标实现

党和政府对于社会福利事业共建共享格局中伙伴关系的维护,曾经以结果评估为主,忽视过程评估,由于缺乏过程跟踪,合作项目的效果有时难以保证。政府越来越重视伙伴关系合作项目的评估,既有事后评估,也有事前审核和事中评估,还注意多个维度的考察,包括检验实际效果是否与预期效果相符,调查服务对象是否得到公平、合理的服务,支出是否符合最小成本或最大效用标准,项目的经济效益和社会效益甚至政治效益是否得到兼顾。在评估队伍建设方面,政府越来越注重引入专业的第三方评估,大力培育、扶持专业第三方评估品牌,并在制度上创新应用评估结果,采信专业第三方的评估结果,对社会福利事业真正起到检测、规范的作用。

(三) 构建多维监督机制,完善社会福利多元监督机制

党和政府充分重视社会福利伙伴行为的监督,引导伙伴关系持续健康发展。在监督机制建设方面,既发挥政府监督、社会监督作用,还着重加强福利伙伴的自律机制建设,增强福利伙伴相互的信任,形成多元监督机制。这样既有利于福利伙伴吸纳社会福利资源,又可以使福利伙伴接受社会公众约束,促进其自我约束,自觉按照标准提供服务,实现政府、社会组织和被服务方的共赢。

总的来说，在共建共享格局的多主体伙伴关系中，社会福利事业各主体在参与社会福利治理或服务过程中，具有不同的倾向性和诉求，有的追求一定的物质利益；有的寻求某种社会价值或精神满足；有的实现某种社会责任。党领导的社会福利事业客观分析实际，既激励多方积极性，又明确各方责任，重视加强监督，通过精细化机制和精准化治理，开创党的社会福利事业建设新局面。

参考文献

一、著作

[1] 马克思恩格斯文集(第2卷)[M]. 北京：人民出版社，2009.

[2] 马克思恩格斯选集(第4卷)[M]. 北京：人民出版社，1995.

[3] 马克思. 1844年经济学哲学手稿[M]. 北京：人民出版社，1979.

[4] 共产党宣言[M]. 中共中央编译局译. 北京：人民出版社，1997.

[5] 列宁专题文集论无产阶级政党[M]. 北京：人民出版社，2009.

[6] 毛泽东选集(第1卷)[M]. 北京：人民出版社，1991.

[7] 毛泽东文集(第3卷)[M]. 北京：人民出版社，1996.

[8] 毛泽东选集(第5卷)[M]. 人民出版社，1977.

[9] 毛泽东文集(第6—8卷)[M]. 北京：人民出版社，1999.

[10] 周恩来选集下卷[M]. 北京：人民出版社，1984.

[11] 邓小平文选(第2卷)[M]. 北京：人民出版社，1994.

[12] 邓小平文选(第3卷)[M]. 北京：人民出版社，1993.

[13] 习近平谈治国理政[M]. 北京：外文出版社，2014.

[14] 习近平谈治国理政(第2卷)[M]. 北京：外文出版社，2017.

[15] 中国共产党第十九次全国代表大会文件汇编[G]. 北京：人民出版社，2017.

[16] 资本论[M]. 北京：人民出版社，2004.

[17] 李铁映. 论民主[M]. 北京：中国人民大学出版社，2007.

[18] 余春. 人的发展论[M]. 北京：中国人民公安大学出版社，2007.
[19] 十七大党章修正案学习问答[M]. 北京：党建读物出版社，2007.
[20] 张静. 基层政权一乡村制度诸问题[M]. 杭州：浙江人民出版社，2016.
[21] 王子今，刘悦斌，常宗虎. 中国社会福利史[M]. 武汉：武汉大学出版社，2013.
[22] 郑功成. 中国社会保障改革与发展战略：理念、目标与行动方案[M]. 北京：人民出版社，2008.
[23] 时正新. 中国社会福利与社会进步报告(2001)[M]. 北京：社会科学文献出版社，2001.
[24] 习近平. 决胜全面建成小康社会　夺取新时代中国特色社会主义伟大胜利——在中国共产党第十九次全国代表大会上的报告[M]. 北京：人民出版社，2017.
[25] 吕学静，赵萌萌. 典型国家残疾人社会福利制度比较研究[M]. 北京：首都经济贸易大学出版社，2012.
[26] 关信平. 社会政策概论[M]. 北京：高等教育出版社，2014.
[27] 高新民，农华西. 论党的领导方式和执政方式[M]. 南宁：广西人民出版社，2003.
[28] 江志强. 民政转型发展研究[M]. 北京：中国社会出版社，2017.
[29] 朱昔群. 政党科学与政党政治科学化[M]. 北京：中央编译出版社，2015.
[30] 王名等. 社会组织与社会治理[M]. 北京：社会科学文献出版社，2014.
[31] 多吉才让主编. 社会福利[M]. 北京：中国社会出版社，1996.
[32] 崔乃夫. 当代中国的民政下[M]. 北京：当代中国出版社，1994.
[33] 王长江. 政党论[M]. 北京：人民出版社，2009.
[34] [美] 塞缪尔·亨廷顿. 变化社会中的政治秩序[M]. 王冠华等译. 上海：上海三联书店，1989.

二、论文

[1] 俞敏. 社会主义史上关于党的领导作用思想的一次重要转变——苏俄非常时期列宁对党的领导作用认识的创新[J]. 江汉论坛，2015(5).

[2] 邸乘光,贾绍俊.中国特色政党制度的思想渊源[J].黑龙江社会科学,2012(4).

[3] 刘振江.马克思的政治解放思想研究[J].当代世界与社会主义,2008(3).

[4] 梅宗奇,赵炜.马克思的交往理论与思想政治教育[J].河北学刊,2010(6).

[5] 刘笑菊,周国峰.从马克思的分工理论看人的全面发展[J].经济与社会发展,2007(5).

[6] 杨飞.中共中央所在地变迁史[J].新湘评论,2011(14).

[7] 姜裕富,齐卫平.坚持党的领导三个相关概念的辨析[J].理论探讨,2015(6).

[8] 王贵秀."党的一元化领导"探析[J].中国党政干部论坛,2007(7).

[9] 肖存良.政党与社会的一体化:中国共产党执政规律新认识[J].甘肃理论学刊,2013(5).

[10] 李怡,肖昭彬."以人民为中心的发展思想"的理论创新与现实意蕴[J].马克思主义研究,2017(7).

[11] 侯月娟,郎劲松.镜像与观照:"90后"大学生网民群体的政治认同构建——基于北京市9所高校的大学生问卷调查[J].现代传播(中国传媒大学学报),2017,39(6).

[12] 毛晨霞.农村党建不容忽视亟待解决的问题[J].先锋队,2017(28).

[13] 龚维斌.我国社会管理体制存在的主要问题[J].理论视野,2010(1).

[14] 许顺富.用科学发展观创新党的领导方式和执政方式[J].党政干部学刊,2009(6).

[15] 尹德慈.中国共产党与社会关系的回顾与思考[J].中国延安干部学院学报,2011,4(5).

[16] 李迎生.推进社会政策与新扶贫攻坚方案的有效衔接[J].甘肃社会科学,2016(4).

[17] 刘继同.中国特色"社会政策框架"与"社会立法"时代的来临[J].社会科学研究,2011(2).

[18] 成海军.计划经济时期中国社会福利制度的历史考察[J].当代中国史研究,2008(9).

[19] 宫天文.社会福利社会化中政府责任探析[J].山东社会科学,2009(7).

[20] 关信平.朝向更加积极的社会救助制度 论新形势下我国社会救助制度的改革方向[J].中国行政管理,2014(7).

[21] 汪青松.八大路线与党在社会主义初级阶段的基本路线[J].当代中国史研究,1997(3).

[22] 张艳国,刘小钧.十八大以来我国社区治理的新常态[J].社会主义研究,2015(5).

[23] 何海兵.我国城市基层社会管理体制的变迁:从单位制、街居制到社区制[J].管理世界,2003(6).

[24] 陆继锋.社区社会组织发展:当前困境与对策分析[J].社科纵横,2017,32(1).

[25] 戴卫东.新中国老年福利事业的反思与前瞻[J].社会科学战线,2015(2).

[26] 为了夕阳红满天——老年人福利与养老服务40年发展历程与成就[J].中国民政,2018(24).

[27] 何玲.我国残疾人社会福利发展路径和特点研究[J].残疾人研究,2016(1).

[28] 徐爽.新时代残疾人福利权保障的发展演进与立法建议——从理念、政策到法治化[J].残疾人研究,2018(1).

[29] 蔡秀云,李雪臣.我国儿童福利事业发展现状分析[J].经济研究参考,2017(53).

[30] 陆颖.社会福利设施建设之策[J].社会福利,2012(6).

[31] 本刊编辑部,张静.2018民政事业成果丰硕[J].中国民政,2019(1).

[32] 徐建中.改革开放40年民政部门残疾人工作回望[J].中国民政,2018(24).

[33] 寇政文.提高党和政府社会管理科学化水平的途径探析[J].理论研究,2011(3).

[34] 陆传照.利益分化视角下的政党整合[J].南通大学学报(社会科学版),

2008(4).
[35] 梁妍慧.引领社会服务社会——论党领导社会的内涵和方式[J].中共中央党校学报,2012(1).
[36] 胡治岩.强化社会管理的公共服务理念[J].中国井冈山干部学院学报,2012(2).
[37] 曾志云.我国党政领导体制的历史研究与当代构建[D],福建师范大学,2011.
[38] 郑权.国有企业体制创新与党的领导方式研究[D],中共中央党校,2002.
[39] 曹燈玲.中国城市养老服务体系研究[D].东北财经大学,2011.
[40] 刘洪海.我国社会养老服务体系建设研究[D].天津大学,2012.
[41] 孙鑫.基于多元主体我国普惠型儿童福利供给研究[D].湘潭大学,2018.
[42] 林敬雅.十八大以来中国共产党民生思想与实践的新发展[D].南京师范大学,2017.
[43] 密珊.党领导社会管理创新研究[D].中共中央党校,2013.
[44] 徐迪.社会治理创新视阈下基层服务型党组织建设研究[D].东北师范大学,2015.
[45] 沈筱芳.党的领导与基层社会治理研究[D].中共中央党校,2017.
[46] 戴建兵.我国适度普惠型儿童社会福利制度建设研究[D].华东师范大学,2015.
[47] 习近平.更好推进精准扶贫精准脱贫 确保如期实现脱贫攻坚目标[N].新华社,2017-02-22.
[48] 王绍光.从经济政策到社会政策的历史性转变[N].中国经济时报,2007-04-06.
[49] 杨燕绥,胡乃军.储备养老资产完善养老保障[N].人民日报,2013-01-28.
[50] 田毅鹏.中国社会后单位时代来临[N].社会科学报,2010-08-26.
[51] 祝灵君.基层党组织在社会管理创新中应有大作为[N].学习时报,2011-09-12.
[52] 李俊伟.保持和发展党的理论优势[N].光明日报,2012-08-24.

图书在版编目(CIP)数据

中国社会福利事业研究 ：1949—2019 / 严运楼著
.— 上海 ：上海社会科学院出版社，2021
ISBN 978 - 7 - 5520 - 3469 - 1

Ⅰ.①中… Ⅱ.①严… Ⅲ.①社会福利事业—研究—
中国— 1949 - 2019 Ⅳ.①D632.1

中国版本图书馆 CIP 数据核字(2021)第 047599 号

中国社会福利事业研究(1949—2019)

著　　者：严运楼
责任编辑：董汉玲
封面设计：裘幼华
出版发行：上海社会科学院出版社
上海顺昌路 622 号　邮编 200025
电话总机 021 - 63315947　销售热线 021 - 53063735
http://www.sassp.cn　E-mail:sassp@sassp.cn
排　　版：南京展望文化发展有限公司
印　　刷：上海颛辉印刷厂有限公司
开　　本：710 毫米×1010 毫米　1/16
印　　张：13
插　　页：2
字　　数：200 千字
版　　次：2021 年 4 月第 1 版　　2021 年 4 月第 1 次印刷

ISBN 978 - 7 - 5520 - 3469 - 1/D·614　　定价：65.00 元

版权所有　翻印必究